웨슬리의 교육 이야기

박광수 지음

기독교문서선교회

기독교문서선교회(Christian Literature Center: 약칭 CLC)는 1941년 영국 콜체스터에서 켄 아담스에 의해 시작되었으며 국제 본부는 미국의 필라델피아에 있습니다.

국제 CLC는 59개 나라에서 180개의 본부를 두고, 약 650여 명의 선교사들이 이동도서차량 40대를 이용하여 문서 보급에 힘쓰고 있으며 이메일 주문을 통해 130여 국으로 책을 공급하고 있습니다.

한국 CLC는 청교도적 복음주의 신학과 신앙서적을 출판하는 문서선교기관으로서, 한 영혼이라도 구원되길 소망하면서 주님이 오시는 그날까지 최선을 다할 것입니다.

The Story of Education from Wesley

Written by
Park, Kwang-Su

Korean Edition
Copyright © 2017 by Christian Literature Center
Seoul, Korea

추천사 1

박 종 석 박사
서울신학대학교 기독교교육학 교수

 한국교회가 위기라고 한다. 위기의 원인에 대한 다양한 진단들이 나오고 있다. 한국교회 위기에 대한 이유로서 대체로 수긍되는 내용은 맘모니즘을 바탕에 둔 목회자의 왜곡된 윤리인 듯하다. 돈이 삶의 주인이 된 자본주의 사회에서 교회는 고고하고 결연한 의지를 보여주지 못하고 거기에 말려 들어갔다. 자본주의의 급진적 형태인 신자유주의는 경쟁을 정당화하며 우승열패의 결과를 낳고 있다. 물질에 대한 비중으로부터 정신을 왜곡시키고 가치관을 타락시키는 시대가 되었다. 그 결과 한국교회는 여러 면에서 위기를 맞고 있다.
 이 같은 교회 위기 상황에서 우리의 눈을 들어 바라보아야 할 인물이 존 웨슬리이다. 그가 살던 시대는 이신론이 횡행하여 인본주의의 물결이 거세었는데, 산업 혁명이 그 위세를 떨치기 위해 틈을 노리는 시대에 웨슬리는 인간의 교만이라는 죄와 재물이라는 실재의 영적 의미를 분명히 꿰뚫어 보고 있었다. 그래서 웨슬리는 성결을 외쳤다. 그리고 그 성결은 인간 내면의 성결을 넘고 교회를 넘어 사회를 포함하는 것이었다.

대부분의 사람은 웨슬리를 성결을 주창한 위대한 전도자로만 생각한다. 하지만 웨슬리를 전도자와 설교자로만 보는 시선은 거두어들여야 한다. 그러면 그가 위대한 선교의 지도자가 될 수 있었던 이유를 찾고자 하는 사람들의 눈에 그가 교육자라는 새로운 모습이 보일 것이다. 그가 위대하다면 그가 교육자였기 때문이다. 그의 치밀한 교육 계획과 시도가 없었다면 우리가 아는 대로의 웨슬리는 없었을 것이다.

한국교회의 위기는 값싼 프로그램이나 기술적인 얄팍한 꼼수에 의해 극복될 수 없다. 교회사를 통해 볼 때, 교회의 위기는 살아 있는 말씀, 구원을 주는 믿음, 전인적 영성, 책임 있는 제자도, 형성적 예배, 그리고 선교적 소명의 자각에 의해 극복 가능하다.

그리고 이 모든 교회 개혁 내용에서 겸손한 촉매의 역할을 감당하는 것이 교육이다. 웨슬리가 이룬 모든 것들은 교육이라는 수단으로 이룬 것이다. 이 시대에 성결과 성장을 바라는 목회자나 교육자가 하나님께서 위임하신 사명을 온전하게 감당하려면 선구자인 웨슬리에게 눈을 돌리고 그로부터 배워야 한다. 웨슬리가 이룬 성과의 외형이 아닌 그 속을 볼 수 있어야 한다.

이 책은 그 길을 안내한다. 박광수 목사는 일찍부터 웨슬리를 배우고자 많은 노력을 기울여 온 분이다. 웨슬리에게서 무엇을 배워야 할지를 그가 먼저 경험한 바에 귀 기울여 듣는다면 큰 유익이 있을 것이다.

현실 목회의 과정에서 웨슬리가 직접적이고 구체적으로 수행한 이상적 목표를 향하여 차분히 따라가다 보면 교회의 위기를 극복할 수 있는 방안이 떠오를 것이다. 교회를 새롭게 하고 싶지만 어찌할지 모르는 교역자는 방황을 그치고 웨슬리에게 정착해서 그로부터 배워야 한다. 진정한 교회 교육을 위해 고민하는 지도자들은 이 책을 통해 교육의 본질과 목회가 별개가 아닌 하나라는 사실을 확인할 수 있을 것이다. 이 책을 통해 한국교회가 새로워지며 성장하는 계기가 되기를 간절히 바란다.

추천사 2

손 원 영 박사
서울기독대학교 교수 및 예술목회연구원장

　교육학 분야에 오래전부터 내려오는 위대한 속담이 하나가 있다. 그것은 "교육의 질은 교사의 질을 넘지 못한다"(As is teacher, so is school)라는 말이다. 옳은 말이다. 그런데 이 영어 속담을 그대로 직역하면, 더욱 실감나는 표현이 된다. 즉 "교사가 존재하는 만큼, 학교가 존재한다!" 학교의 성패나 명문 학교와 그렇지 않은 학교의 수준은 결정적으로 교사의 존재 수준에 달려 있다는 말이다.
　얼마나 실감나는 표현인가?
　실제로 이 말은 형식적 교육의 현장인 학교뿐만 아니라 교회를 비롯한 다양한 교육 현장과 비형식적인 교육이 일어나는 모든 영역에 적용될 수 있다. 따라서 교육자들은 늘 이 속담을 마음에 새기고 정성을 다해 교실 속으로 들어가야 한다.
　이런 점에서 볼 때, 감리교 운동을 펼쳤던 존 웨슬리(John Wesley)는 위대한 '교사'였다. 박광수 박사가 이 책에서 소상히 밝혔듯이, 웨슬리는 18세기 중엽 영국 사회가 매우 혼란스러울 때, 귀족 교육이 아니라 모든 계층을 아우르는 소위 '기독교적 민중 교육'을 위해 '킹스우드학교'(Kingswood School)를 설립하고, 그 학교를 통해 영국을 살리는 위대한 교육 사역을 전개하면서 영국을 구원의 길로 안내하였던 것이다.

가정법이긴 하지만, 만약 18세기 당시 영국에서 한창 산업 혁명이 일어나고 사회 불안이 극에 달하는 현실에서 웨슬리와 그의 교육적 열정이 없었더라면, 과연 영국은 세계를 선도하는 나라가 되고 또 지금의 영국으로 발전할 수 있었을까 상상해 본다. 필자는 결코 쉽지 않았다고 생각한다. 다시 말해 영국에 위대한 교사, 아니 위대한 스승인 존 웨슬리가 있었기 때문에, 지금의 영국이 가능하였다고 해도 과언이 아니다. 이런 점에서 보면, 교사의 질은 단순히 학교나 교육의 질만 결정하는 것이 아니라 국가의 질을 결정하는 것임에 분명하다.

그런데 유감스럽게도 지금까지 웨슬리에 대한 연구는 신학과 목회의 측면에서 이루어진 것들이 대부분이라는 사실이다. 주지하듯이, 웨슬리가 감리교단을 창시한 목회자였기 때문에 어쩔 수 없는 부분이 있다고 인정하더라도 그동안 아쉬움이 없지 않았다. 그런데 고맙게도 금번 박광수 박사께서 이 책을 통해 웨슬리의 교육적 진면목을 유감없이 드러내 주었다. 참으로 감사한 일이다.

사실, 웨슬리를 신학적인 측면에서만이 아니라 교육학적인 측면에서 바라보는 것은 한국교회를 잘 이해하기 위해서라도 매우 유익하다. 왜냐하면 이러한 관점이 한국교회의 한 축을 담당하고 있는 웨슬리 전통의 감리교나 성결교 등이 구한말 이래 지금까지 왜 '교육'에 그렇게 헌신적이었는지를 알려주기 때문이다. 따라서 한국교회 교회 교육의 영역을 넘어서 한국 교육의 미래를 걱정하며, 급변하는 사회에서 우리가 어떻게 적절히 교육의 새 방향을 잡아야 할지 숙고하는 분들에게, 이 책이 많은 도전과 창의적 상상력을 제공해 주리라고 확신한다. 그러므로 이 책을 기쁜 마음으로 추천하는 바이다.

The Story of Education from Wesley

추천사 3

김 대 식 박사
숭실대학교 철학과 초빙교수

　교육학은 흔히 사범대학에 속한 학문 영역인 것으로 인식하기 쉽지만, 사회과학적 성격이 매우 강한 학문이라는 것을 간과해서는 안 된다. 단순히 학생들을 잘 가르치기 위한 수단이나 방법론으로서의 포괄적인 교육측정, 교육공학, 교육설계 등은 인간을 작위적이고 인위적인 학습의 대상으로 전락시킬 수도 있다.
　따라서 교육이 사회적 인간과 관계적 존재로서의 인간을 생각하지 않는다면, 인간은 그저 과거의 경험적 지식을 습득하고 학습할 뿐 학습 주체가 되지 못하고 오히려 통제 및 관리의 대상이 되고 만다. 오늘날 국가와 사회 곳곳에서 벌어지고 있는 교육행위라는 것이 여전히 지배 계층의 이데올로기를 학습시키고 있는 것을 감안할 때, 교육에 대한 새로운 인식과 비판이 절실하게 요구되고 있다.
　이런 점에서, 18세기 잉글랜드국교회 사제였던 존 웨슬리(John Wesley)의 교육 사상은 비록 지금 우리와는 시공간적인 차이가 존재하는 것은 사실이나, 우리의 현교육에 시사하는 바가 크다 할 것이다. 한 종교인으로서 그는 개인의 능력과 한계를 고려하여 사회와 국가적 환경 안에서 어린아이를 교육하고 돌보아야 한다고 생각했는데, 이것은 종교가 소외된 교육 주체들에게 어떤 관심을 쏟아야 하는가를 보여준 사례이다.

최근 한국 사회에서 대두된 헬조선이라는 비관적 신조어나 수저 논쟁은 교육의 주체여야만 하는 학생들이 자신의 역량이나 발전 가능성과는 상관없이 사회 구조의 욕망적 메커니즘에 속절없이 노출될 수밖에 없음을 단적으로 지적한 것이다. 이런 상황에서 종교가 교육의 주체요 수혜자인 학생들에 대해 어떤 철학과 교육관을 가지고 접근할 것인가는 매우 중요한 사안이 될 것이다. 존 웨슬리는 바로 그러한 점을 영성적·철학적 바탕 위에서 분명하게 간파하고, 킹스우드라고 하는 학교의 설립을 통하여 체계적이면서 효율적인 대안 교육을 실시하려고 하였다.

이러한 측면에서 학교(미션 스쿨)는 단지 교육의 이념과 종교적 설립 취지에 따른 교육 내용만 전달할 것이 아니라 교육의 불평등을 해소하는 동시에 학생들에게 건강하고 건전한 가치관을 깨닫도록 도와주는 역할을 해야 한다. 저자는 바로 그러한 웨슬리의 교육 신학과 교육 철학을 잘 분석하고, 그것을 통해 다변화되고 급변화되는 세계와 사회 속에서 어떤 교육 지향성을 가져야 할 것인지를 전망하여 대안을 제시하고 있다.

더불어 저자는 존 웨슬리의 교육 철학과 교육 실천이 서로 연결되어서 인간의 인격을 성숙시키고 자신 안에 있는 신적 가능성 혹은 성스러움의 가능성을 들여다볼 수 있도록 보편 교육을 추구했다는 점을 강조한다. 나아가 저자는 철학이 있는 교육, 그러나 단순히 이론에 머물지 않고 실제적인 삶과 실천에서 그 이론이 확증되어 나타나도록 하는 교육을 설파함으로써, 이론과 실천이 유리되어 있어서 삶에는 전혀 변화가 일어나지 않는 오늘날의 교육을 잘 비판하고 있다고 볼 수 있다.

웨슬리의 교육적 배경은 교육 철학과 신학, 그리고 실천이 서로 유리되지 않는다는 점에 있는데, 바로 그러한 것들이 저자의 교육관에도 잘 반영되어 나타난다. 더군다나 저자가 4차 산업 혁명과 관련하여 미래의 기독교 교육이 단선적이지 않고 더욱 통합적이고 종합·융합적인 성격으로 진화해야 한다고 피력한 것은 18세기 웨슬리를 통해 21세기 이후의 미래 세대를 위한 교육을 가늠해 본 것이다. 그렇기 때문에 미래 세대의 교육은 더욱더 인격적이고 자신의 내면을 잘 성찰할 수 있도록 전개돼야 한다.

저자는 보편적인 양질의 교육 제공, 지배 계층에 의해서 관리되지 않는 교육, 인간의 존엄성을 느끼게 만드는 교육 개혁, 지식 전달의 교육이 아닌 인격과 내면이 변화되는 교육이 오늘날 우리 사회에 요청되고 있다고 보고 있다. 평등한 교육, 공통의 교육, 보편 교육을 해야 한다는 웨슬리의 주장은 결코 저자가 반복적으로 등장시키지 않는다 하더라도 현재와 미래의 교육이 정착시켜야 할 중요한 과제임이 틀림이 없다. 저자는 이 점을 부각시키면서 인간 내면의 신성한 빛을 깨닫는 것이 존 웨슬리 교육 사상의 가장 중요한 핵심이라는 것을 역설하고 있다.

또한 존 웨슬리가 약자를 교육 주체요 교육 수혜자가 되어야 한다고 생각한 것은 영국의 신앙 혁명이자 교육 혁명이었으며 인간성의 회복, 곧 모두가 하나님의 형상이라는 보편성에 기반한 것이었음을 저자는 잘 드러내 보여주고 있다. 이와 같이 이 책은 기독교 교육의 현재와 미래를 다룰 뿐만 아니라, 인간의 정체성과 기술 철학, 더 나아가 기계와의 공존까지도 조심스럽게 전망하는 저자의 노고를 고스란히 담고 있다.

그러므로 독자들이 이 책을 통하여 기독교 교육을 함께 고민하고 미래의 교육학적 대안을 모색하기 바란다.

추천사 4

최 문 상 목사
기독교미래교육연구소 이사장, 안산교회 담임

현대 교육에 대한 우려의 목소리들이 많이 들려오고 있다. 입시 위주의 현대 교육은 학생들을 치열한 종이 전쟁의 전사로 훈련했고, 그 결과 인간성과 인격의 문제에 대해 많은 의문이 제기되고, 교육이 이제는 달라져야 한다는 반성들이 일어나기 시작했다. 정부에서는 인성 교육법 관련 법안을 통과하여 시행하게 되었고, 의무적으로 인성 교육을 실시하게 하였다. 그러나 '그렇게 해서 교육의 문제가 해결되었을까?'라는 의문이 사라지지 않는다.

기독교 교육도 많은 문제점을 드러내고 있다. 특히, 한국교회의 급성장이라는 주목할 만한 성과는 현시점에 와서 상당한 반성이 요구되고 있다. 초기 교회의 역사를 보면, 헌신되고 정결한 그리스도인들은 세상의 핍박에 대하여 희생과 순교로 응답했다. 세상은 예수를 잘 믿는다고 핍박했고, 복음 때문에 기꺼이 죽음을 받아들이는 순교자들이 나왔다.

그러나 현대 기독교의 모습을 보면, 세상은 교인들이 빛과 소금의 사명을 감당하지 못하고 변질된 모습을 보임으로 인해 기독교를 손가락질

하고, 일명 가나안 교인들은 교회의 변질에 염증을 느끼고 교회를 떠나고 있는 것도 사실이다.

　오늘날 세상이 기독교를 걱정한다는 목소리들가 들리는 원인은 무엇일까?

　바로 교육을 잘못 받았고, 복음을 잘못 배웠기 때문이다. 기독교 교육에서 실패했기 때문이다. 오늘날, 입시 위주로 치우친 교육으로 인해 실패한 일반 교육을 반성하고 대책을 세우자는 목소리와, 교회의 변질된 모습으로 인해 기독교 교육을 반성하자는 목소리가 교차하여 교육에 대한 새로운 대안을 요구하고 있다.

　박광수 박사는 『웨슬리의 교육 이야기』를 통해서, 심각한 사회적 문제가 대두되고 있던 18세기 영국 사회에서 교육 혁명을 통해 사회개혁과 성공적 교육 성과를 이룬 존 웨슬리를 재조명하고 있다. 그는 존 웨슬리가 감리교의 창시자요, 목회자요, 위대한 신학자였다는 점으로 인해, 그의 매우 중요한 업적인 교육 개혁이라는 위대한 업적이 조명되지 못하고, 그늘에 가려지고 있음에 문제를 제기하며 존 웨슬리의 교육 사상에 집중한다.

　박광수 박사는 특히 존 웨슬리의 교육 혁신과 교육 성과에서 착안하여, 웨슬리의 교육 사상을 현대 교육에 적용하고 대안을 제시한다. 또한 그는 2016년 1월, 스위스에서 열렸던 다보스포럼에서 거론되었던 4차 산업 혁명으로 인해 발생한 사회적 담론에 대한 자신의 견해를 밝히면서, 웨슬리와 4차 산업 혁명 시대에 맞는 대안을 다루고 있는 독특한 적용은 저자가 미래에 대해 고민한 흔적을 보여준다.

　아무쪼록 존 웨슬리를 교육개혁가로 조명한 이 책이 현대 사회의 교육과 미래 교육에 대해 고민하는 사람들에게 많은 도움이 되기를 바라며, 훌륭한 책을 집필한 박광수 박사에게 수고했다는 치하의 인사로 추천사를 갈음하고자 한다.

The Story of Education from Wesley

추천사 5

김 민 웅 목사
내덕교회 담임

다음 세대는 교회의 미래이며, 희망이다. 교회 마당에서 뛰노는 아이들을 보면서, 티 없이 맑은 아이들이 교회에서 뛰놀고 있다는 사실에 감사하는 마음과 다행이라는 생각이 문득 들었다.

요즘, 세상은 급변하고 있다. 스마트폰과 각종 컴퓨터 게임들이 아이들의 생각과 정신까지도 좌우하며 파고드는 사이, 다음 세대는 점점 더 교회와 멀어지고 있다. 그런데 우리 교회 마당에서 뛰노는 아이들의 재잘거리는 소리가 목사의 마음에 안도의 마음이 들게 만든 것이다.

다음 세대 아이들이 하나님의 말씀으로 자라게 하고, 기독교 정신에 의해 훈련되고 양육되는 것은 매우 귀한 일이고 중요한 일임에 틀림없다. 왜냐하면 요즘 우리 사회에서 부쩍 다음 세대에 대한 위기의 소리들이 들리고 있기 때문이다. 입시 위주의 일반 교육 현실과, 교회를 떠나가는 젊은이들이 늘고 있다는 소식들이 교회 교육에 대한 점검과 대비를 요구한다. 다음 세대에 대한 교육은 우리에게 있어서 아무리 강조해도 지나치지 않는 매우 중요하고 어려운 문제이다.

어떻게 할 것인가?

이 책의 저자인 박광수 박사가 교육의 문제에 대한 해법을 방법(How)에서 찾는 것이 아니라, 원리(What)에서 찾고자 하는 시도를 했다는 점은 주목할 만하다.

대부분의 사람들은 18세기의 인물이며 감리교의 창시자 웨슬리를 목회자나 신학자로만 알고 있다. 그러나 그는 웨슬리를 18세기 영국 사회와 유럽 사회를 교육 개혁을 통해서 강력하게 변혁시킨 인물로 소개되고 있다. 또한 저자는 웨슬리가 킹스우드학교를 세워 그곳에서 자신의 교육 사상으로 교육 혁신을 이루는 사건을 조명하며, 웨슬리의 교육 신학에 대해서 세밀하게 소개하고 있다.

또한 저자는 현대 교육의 모순을 극복할 수 있는 대안으로서 '아이들을 자유롭게'라는 표제에서 루소의 자연주의 학습자 이해와, 교육은 엄격한 규칙과 프레임의 적용이라는 로크의 규율 교육에서 교사론을 착안하고, 눈높이 교육이라는 코메니우스의 실물 교육이 일반 교육과 종교 교육의 모든 범주에서 스며들게 하여, 새롭게 진입하는 4차 산업 혁명 시대 및 미래 산업 혁명 시대의 교육까지 대비할 것을 제안하고 있다.

박광수 박사는 지난 30여 년 동안 다음 세대를 위한 비전과 꿈을 가지고 어린이, 청소년 사역을 하면서 하나님께 헌신해 온, 이론과 실제를 겸비한 교육 전문가이다. 앞으로도 다음 세대를 위한 그의 사역과 교육적 활약을 기대한다.

프롤로그

박 광 수 박사
기독교미래교육연구소 소장, 빛과소금교회 담임목사

한국교회는 1백여 년의 짧은 역사를 가졌음에도 불구하고 세계 역사 가운데 괄목할 만한 급성장과 부흥을 이루었다. 세계적으로도 유례없을 성공적 신화를 이룬 메가처치들이 한국교회에 존재하기도 했다. 그러나 이러한 성장에 자부심을 느끼는 것도 잠시, 1990년대부터 시작된 교회의 정체현상과 더불어 교세가 감소하는 등의 문제들이 이제는 공공연한 현실로 받아들여지고 있다. 또한 교회학교가 급속도로 감소하여 교회학교가 존재하지도 않는 교회들이 전체 교회의 절반 이상을 차지하는 등 교회 교육에 대한 문제들이 속속들이 나타나고 있다. 다원화 시대가 도래하면서 영적 춘추전국시대를 맞이한 것이 현실이다.

이런 심각한 상황 속에서 교회의 미래라고 할 수 있는 교회학교가 쇠퇴하고 있는 것에 대해 우려의 목소리들이 나오고 있다. 교회학교가 쇠퇴하고 있다는 것은 교회의 미래가 불투명하다는 말이다.

그렇다면 어떻게 해야 할까?

이제 우리는 교회학교의 미래를 고민해야 한다. 그리고 그 해법에 대해 심도 있는 연구와 실행이 필요하다. 교회학교의 정체와 문제는 '부흥'이라는 키워드에 목표를 맞추는 것으로는 도저히 해결할 수 없다. 한국 교회의 교회학교는 '부흥'이라는 목표에 맞춰 윙윙, 메빅, 와우큐 등, 잘 짜인 다양한 프로그램들로 가득 채워져 있다. 이렇게 잘 기획되고 흥미로운 프로그램으로 SNS 시대에 세상을 향하고 있는 아이들의 마음을 다시 교회로 돌릴 수 있을지 심각히 의문스럽다.

이제는 교회학교의 부흥과 회복을 위한 키워드는 '교육'이어야 한다고 생각한다. 지금부터 2000년 전에 이 땅에 오신 하나님의 위대한 선물이며 편지이신 예수 그리스도로부터 선포된 '디다케'가 그 희망이 될 수 있으리라 믿는다.

현대 사회에서 '교육'이라는 말을 떠올리면 따라오는 단어가 멀티미디어와 스마트폰이라는 말들이다. 멀티미디어나 스마트폰 교육을 통한, 진보된 교육 방식으로 혁신적인 교육 성과를 이루리라는 기대감도 형성되고 있다. 그러나 교육을 '방법론'과 '성과'라는 효율성에 목표를 두고 접근한다면 성공적인 교육의 목표에 도달한다는 것은 요원한 일이 아닐 수 없다. 현대 사회의 교육 목적 이면에는 성공적인 사회구성원이 되어, 신분의 상승과 누림을 보장하는 보험적인 성향이 있음을 부인하기 어렵다. 교회학교의 교육 역시 모체가 되는 교회의 부속 기관으로서 걸맞은 수준의 성장이면 족한 정도로 취급되기도 하는 실정이다.

공교육이든, 교회 교육이든 이면에 숨겨진 '입시 성공을 목표로 한 교육'이나 '걸맞은 수준의 유지와 성장'에 목적을 둔 교육이었다면, 이제는 진정한 교육의 회복을 위해서 심각한 자성과 물음표를 던져야만 한다. "하나님의 형상을 닮은 인간의 전인적인 성장과 회복"이 교육의 목표가 되어야 한다.

　필자는 웨슬리라는 인물에서 놀라운 희망을 발견했다. 또한 지금의 현대 사회와 비슷한 문제를 안고 있었던 18세기 영국 사회를 혁신과 변화를 통해 새로운 변혁과 개혁을 성공적으로 이끌었던 웨슬리에게서 감리교의 창시자라는 조망만이 아니라 교육 개혁이라는 위대한 키워드를 찾아낼 수 있었다. 웨슬리는 킹스우드학교를 설립하여, 교육 개혁과 더불어 그리스도의 디다케(*Didache*)를 통한 교회 교육의 성공적 무대를 펼쳤던 인물이라는 점에서 주목할 만하다. 웨슬리의 교육적 행적을 따라가다 보면, 현대 교회 교육의 부흥과 회복을 위한 길을 발견할 수 있을 것이다.

　이 책 『웨슬리의 교육 이야기』를 통해 작금에 봉착된 교회학교의 여러 문제점과 그 어려움에 대한 해결의 실마리를 찾을 수 있기를 기대한다. 그리하여 다음 세대를 위한 현재의 준비를 시작하여, 다시 꿈꿀 수 있는 한국교회의 부흥과 회복의 바람이 불어오기를 고대하는 바이다.

　끝으로, 바쁘신 와중에도 기꺼이 추천사를 써 주신 박종석 박사, 손원영 박사, 김대식 박사, 최문상 목사, 김민웅 목사와 이 책이 출간되기까지 수고를 마다하지 않으신 기독교문서선교회(CLC)의 여러 직원들께 감사의 예를 표한다.

The Story of Education from Wesley

차 례

추천사 1 | 박종석 박사(서울신학대학교 기독교교육학 교수)   4
추천사 2 | 손원영 박사(서울기독대학교 교수 및 예술목회연구원장)   7
추천사 3 | 김대식 박사(숭실대학교 철학과 초빙교수)   10
추천사 4 | 최문상 목사(기독교미래교육연구소 이사장, 안산교회 담임)   13
추천사 5 | 김민웅 목사(내덕교회 담임)   16
프롤로그   18

제1장 | 지금이 뭐가 어때서?   24

1. 교회 밖에 가나안 신자들이 넘쳐나고 있다   25
2. 왜 웨슬리의 교육이 현대에 필요한가?   29
3. 교회학교 부흥! 웨슬리에게서 희망을 찾다   34

제2장 | 웨슬리의 성장과 교육 사상   37

1. 어린 웨슬리와 교육   38
2. 청년 웨슬리와 교육   49
3. 교육에도 철학이 있어야 한다   53

제3장 | 웨슬리에게 영향을 끼친 교육 사상   60

1. 아이들을 자유롭게 - 루소의 자연주의   61
2. 엄격함이 큰 사람을 만든다 - 로크   70
3. 코메니우스적 하이브리드 교육   83

제4장 | 웨슬리의 킹스우드학교 이야기   91

1. 왜 설립했을까?   91
2. 학교 운영 방법과 교육 방법론   96
3. 킹스우드의 교육 개혁을 말한다   104

제5장 | 웨슬리의 교육 방법론   109

1. 웨슬리의 교육 원리   109
2. 웨슬리의 교육 원리를 통해 본 교육 방법론   114
3. 웨슬리의 교육 업적에 대한 평가   118

제6장 | 웨슬리에게 배우는 교육　　　　121

　　1. 웨슬리의 교육 이야기　　　　　　　121
　　2. 웨슬리의 교육을 현장에 적용하기　　141
　　3. SNS 시대와 교회 교육의 장　　　　150

제7장 | 웨슬리의 교육과 4차 산업 혁명　163

　　1. 웨슬리의 교육 혁명　　　　　　　　163
　　2. 미래 교육의 전망　　　　　　　　　167
　　3. 4차 산업 혁명 시대　　　　　　　　172
　　4. 웨슬리 교육 사상의 적용　　　　　　182

제8장 | 나오면서　　　　　　　　　　　188

　　1. 요약과 정리　　　　　　　　　　　　188
　　2. 교회 교육을 위한 제언　　　　　　　192

미주　　　　　　　　　　　　　　　　195

제1장
지금이 뭐가 어때서?

존 웨슬리(John Wesley)는 1703년에 영국 엡워스(Epworth)의 작은 시골 교회의 목사였던 아버지 사무엘 웨슬리의 열다섯 번째 아들로서, 훗날 감리교의 창설자가 된 인물이다. 그는 18세기 영국에서 큰 부흥 운동을 일으켜 침체하던 영국교회에 새로운 활력을 불어넣었고 영국 사회에 새로운 갱신을 일으켰다.

더욱이 존 웨슬리는 교육을 통해 당시 시대에 적합한 교회의 사명을 실현하려 했던 실천적 인물이다. 더불어 웨슬리는 그 시대에 영국 사회의 교육 불평등에 관한 문제를 해결하기 위해 교육적 원리들을 신앙 교육의 관점에서 성찰하여 신앙과 교육의 이상적인 만남을 대중 교육의 초석으로 삼아 영국 사회 교육 개혁을 주도한 중심적인 인물이라고 평가할 수 있다.

18세기 웨슬리가 살던 시대와 현대 사회는 상당한 유사성을 가지고 있다. 현대 개신교 교육의 정체와 쇠퇴의 문제에 대한 희망을 웨슬리의 교육 개혁을 통해서 찾아보고자 한다.

1. 교회 밖에 가나안 신자들이 넘쳐나고 있다

지금 한국 사회는 일명 가나안 교인들이 넘쳐나는 시대를 겪고 있다. '가나안'을 거꾸로 읽으면 '안나가'라는 말에서 착안한 포스트모더니즘적 발상의 신조어이다. 즉 예수는 매력적인데, 교회에 출석하는 것은 싫다는 것이다.

웨슬리가 살아가던 18세기에는 중세 시대를 거쳐 오며 신본주의적인 전통적 사고와 강요를 숙명으로 여기던 사람들에게 계몽주의 사상이 일어나고, 인본주의적 사고와 가치 체계가 새로운 매력으로 등장했었다. 마찬가지로 요즘 시대는 전통적인 사고의 틀이나 가치 체계가 맹목적으로 설득되지 않는 네오-포스트모더니즘(Neo-postmodernism) 시대이다. SNS는 솔직한 내면의 이야기들을 숨김없이 실시간으로 공유하고 나누게 한다. 빛과 같은 속도로 생각과 정보들이 전 세계로 퍼져나가는 강력한 정보화 시대가 열린 것이다.

또 현대인들은 각성하고 있으며, 맹목적인 헌신과 충성을 강요하던 전통적 사유 체계에 식상함을 느끼고 있다. 교회의 전통적 운영방식에서 나타났던 부패는 적나라하게 노출되고 있고, 복음을 대변하던 '예수 천당 불신 지옥'이라는 슬로건을 강요와 협박을 함의한 독선으로 느끼기도 하는 등, 전통적 종교 체제에서 나타나는 실망의 문제들은 안티-기독교 운동이라는 강력한 반향으로 표출되기도 한다. 예수의 아가페 사랑이 고귀한 가치일지는 몰라도, 전통적 교회의 틀에서 이루어지던 '순종'이라는 키워드는 주입식 가르침으로 말미암은 '사유의 강요'라는 반발심을 일으키고 있기도 하다.

이러한 반발이 복음은 알지만 교회 출석을 거부하는 가나안 교인으로 나타나고 있다. 교회는 이런 가슴 아픈 현실을 직면하고 있다. 통계청은 10년을 주기로 "인구주택총조사"를 실시하고 있으며, 조사의 항목에는 종교통계항목이 포함되어 있다. 통계청에 의하면, 2005년 11월 1일 기준으로 기독교 인구는 861만 6천 명으로 10년 전의 876만 명보다 14만 4천 명이나 감소한 것으로 나타났다.

이러한 통계에 교계는 충격을 받은 듯했고, 기독교 인구가 줄어들고 있다는 이야기가 거의 정설로 받아들여지긴 했지만, 10년 전보다 14만 4천 명이 줄었다는 사실을 받아들이기 쉽지 않았을 뿐 아니라 받아들이고 싶지 않았다. 또한 기독교 인구를 1,200만 또는 1,300만이라 외치며 그 '세'를 자랑하던 이들에게 있어 '860만'이라는 숫자는 도저히 용납할 수 없는 충격적인 수치였다.

지난해 통계청은 2015년까지의 조사결과를 발표했다. 지난 10년간의 종교 인구의 변화 추이에 놀라운 변화가 일어났다. 결과만을 보면 기독교 인구수의 변화가 10년 사이에 845만 명에서 967만 6천 명으로 120만 명이나 증가한 것으로 나타났다. 그렇다고 기독교의 종교 인구 증가를 복음화에 대한 청신호로 받아들여, 낙관적 분석을 할 수 없는 변수와 요인이 있다는 점을 간과해서는 안 된다. 즉, 기독교인의 인구 감소에 대한 위기가 사라진 것이 아니라 더욱 복잡하고 다변화된 요인들이 추가되었다는 사실이다. 종교 인구 통계조사에서 기독교 인구의 증가를 낙관적으로 볼 수 없는 이유는 다음과 같다.

첫째, 기독교 종교 인구 집계에는 전통적인 기독교에서 이단으로 취급되는 종파들이 포함되어 있다는 점이다. 성향으로 볼 때, 전통적인 기독교와 확연히 구분되어야 할 신흥종교들이 포함되어 있다. 예를 들면, 개신교에 치명적인 저격수의 역할을 하며, 공격적 포교(?) 활동을 하는 신천지, 그리고 하나님의 교회, 또 통일교 등이 기독교 종교 인구에 포함되어 집계되었다는 점이다.

둘째, '가나안' 교인들이 기독교 종교 인구에 함께 집계되었다는 것이다. 앞서 언급한 바와 같이 이름은 기독교인인데 교회에는 출석하기를 거부하는, '안나가'를 거꾸로 표현한 '가나안' 교인이 개신교 종교 인구에 포함되어 집계되었다는 점이다.

셋째, 기독교 인구의 고령화이다. 교회학교나 청년들이 교회에서 줄고 있고, 고령화된 기성 교인들이 교회를 지키고 있다는 점이다. 즉, 통계청 종교인구조사항목에 나타난 120만 명의 기독교인이 10년 사이에 증가했다는 발표는 속 실정을 보면 상당한 거품이며, 위기가 사라진 것이 아니라 오히려 위기가 증가하고 있다는 점을 나타내고 있다.

기독교에 결코 포함될 수 없는 이단 종파인 신천지 집단이 증가한 기독교 인구집계에 포함되어 있고, 기성교회에 출석을 거부하는 교회를 출석하지 않는 가나안 교인들도 기독교 종교 인구에 포함되어 있다. 기성 교회는 점점 고령화되어, 교회학교나 청년층이 줄어들고 있는데 노령화된 기독교의 종교 인구 집계 결과를 복음화의 청신호로 받아들이고 낙관적인 자세를 갖는 것은 더욱더 큰 위험이라는 사실을 잊어서는 안 된다.

특히, 문제가 되는 것은 교회의 교회학교가 심각하게 줄어들고 있다는 것이다. 교회학교의 감소와 교회학교의 유명무실화는 미래의 한국 교계를 걱정해야만 하는 심각한 상황이라는 것이다.

한국 기독교의 대형교파 중 하나라 할 수 있는 대한예수교장로회 통합측에서 2014년 7월 21일 '복음의 재발견'이라는 주제로 개최한 총회 정책협의회에서, 박봉수 목사는 통합측 교회 중 50% 이상이 주일학교가 없다고 발표하면서 오늘날 교회학교 교육의 문제의 심각성에 대하여 지적하고 있다.[1]

일찍이 한미라 교수는 『개신교 교회교육』에서 한국 개신교 교회 교육의 고질적 문제를 교회의 교육에 대한 '무관심,' '무성의,' '무투자,' 즉 3무 현상에서 기인한다고 비판한 바 있다. 그는 개신교 4개 교단, 11개 교회에 대한 표본조사 결과, 개신교의 교회학교 예산은 교회 전체 재정의 10% 미만에 불과하며, 그마저 각부의 운영비나 교육 행사비, 교사 교육비로 대부분 지출되고 나면 교회학교 도서 구입비와 같은 교육 연구를 위한 실질적인 지출은 거의 없는 것이 현실이라고 말한다.[2]

또한 교회학교는 어느 정도 자율성을 인정받고 있지만, 당회 등 교회의 중앙행정기구 통제를 받는 하나의 부속기구로 취급받고 있는 것이 교회가 오랫동안 지켜온 관행이라고 지적했다. 이처럼 짧은 시간 동안 급성장을 이룬 한국 기독교가 이제는 심각한 쇠퇴기를 맞고 있고, 특히 교회학교마저도 장래를 가늠하기 어려울 만큼 심각한 감소를 경험하고 있다.

그러나 이 현실을 고민하지 않는다는 것은 침몰하는 배가 왜 침몰하고 있는지의 원인을 분석하고 해결책을 찾는 것을 피하고, 침몰하고 있다는 현실조차도 인정하지 않는 심각한 문제라고 볼 수 있다. 그러면 어떻게 한국기독교의 미래를 다시 가능성 있는 복음과 말씀으로 새롭게 세워지고, 부흥을 꿈꾸는 미래로 갱신될 수 있을까에 대한 문제를 고민해야 한다.

2. 왜 웨슬리의 교육이 현대에 필요한가?

감리교의 창시자인 존 웨슬리는, 교육학적 관점으로 보면 위대한 교육개혁가이다. 칼빈이 종교 개혁가로서 높게 평가되고 있는 것처럼, 존 웨슬리의 많은 업적을 근거하여 교육개혁가로서 평가되어야 한다. 그는 산업 혁명이라는 거부할 수 없는 대세에 의한 기계화와 세속화의 거센 바람을 극복하면서 교육 개혁을 혁신적으로 이끌었던 인물이다. 웨슬리는 교육을 개혁하여 영국 사회를 변화시켰고, 교육을 개혁하여 영국을 살린 인물이다. 웨슬리는 당시 귀족 중심의 불평등한 교육 환경에서 자신의 교육 사상과 방법이 킹스우드 빈민가 아이들에게 성공적으로 적용하여 교육 개혁을 이뤘다.

한국교회가 직면한 심각한 교회학교의 정체와 교회의 갱신을 위해서 웨슬리의 교육과 실천적 개혁 방법을 연구하고, 이것이 한국의 교회학교의 미래를 살릴 수 있는 좋은 대안점이 되기를 바라는 것이다.

웨슬리가 살아가던 시대를 이해하기 위해서는 당시에 대한 신학적, 철학적 이해가 필요하다. 토플러(Alvin Toffler)의 『제3의 물결』에는 인류에게 영향을 끼친 3대 혁명적 물결에 대해 심도 있게 다루고 있다.[3]

첫째, 농업 혁명이다.

둘째, 산업 혁명이다.

셋째, 정보화 혁명이다.

웨슬리가 살던 18세기는 토플러가 분류한 제2의 물결에 해당하는 '산업 혁명'의 시기였다고 볼 수 있다. 영국에서 일어났던 산업 혁명은 공장과 기계공업이 발달하면서 자본주의가 확립되었다. 이로 인해 자본가와 노동자 계급이 출현했으며 생산력의 발전으로 인한 산업 자본가가 등장하고, 물질생활이 풍요로운 시기가 도래했다. 이 시기에 농업 사회는 산업 사회로 발전했고 공업화로 인해 도시로 인구가 집중되는 변화가 일어났다. 그에 따라서 산업 혁명은 노동의 가치에 대한 깨달음과 같은 긍정적인 측면도 있었지만, 사회의 기계화와 세속화와 같은 부정적인 문제도 발생하게 되었다. 이렇게 발생한 사회 문제를 요약하면 다음과 같다.

첫째, 빈부 격차의 문제이다. 산업 혁명에 의한 기계화로 인해서 실업자가 양산되고, 도시에 빈민들이 발생하는 빈부 격차는 사회의 심각한 문제로 대두되었다.

둘째, 도시 문제가 발생하게 되었다. 인구가 도시로 집중하게 되고, 이로 인해 주택과 상하수도 등의 문제들이 발생하게 된 것이다.

셋째, 열악한 근로 조건으로 말미암아 기계를 파괴하는 양상이 곳곳에서 나타났는데, 이것을 '러다이트운동'(Luddism)[4]이라고 한다.[5]

이와 같은 부정적인 사회 문제와 함께 사회주의 사상이 출현하여 자본주의 체제의 모순을 비판하게 되었다. 마르크스(Karl Marx)와 같이 이상적인 공산주의 체제를 주장하는 사상가들은 사유재산 제도를 부정하고 공동생산과 공동분배를 바탕으로 한 평등 사회 건설을 부르짖었다.

또한 그 시대는 '이성의 시대'가 본격적인 막을 올리게 되었다. 중세의 신(神) 중심적인 사유 체계와 삶의 방식으로부터 완전한 탈피를 시도하였다. 이것은 중세의 교회 권위가 실추됨과 동시에 과학과 이성의 권위가 그 자리를 쟁취하려는 도전이 시작되었음을 말해주는 것이다.

그러나 근대 철학자들은 오히려 이 시기에 인간 이성의 권리와 신뢰를 회복하여 인간으로서의 관념과 지식을 다시 회복시킬 수 있다고 믿었다. 이러한 철학자들의 노력으로 이제 철학의 언어는 성직자들의 전유물인 라틴어가 아니라 자국의 언어, 일상 언어로 번역되어 교양이 있는 대중들에게 쉽게 전달될 수 있게 되었다.

이 시기에 일어났던 또 하나의 변화는 절대 권력과 전제 정치에 대한 저항이다. 이와 함께 17세기 이후 교회의 권위나 전제 정치에 대한 반감과 저항은 웨슬리의 시대에서도 지속되고 있었다. 이러한 흐름과 맞물려 노예매매나 신성불가침에 대한 일대 각성도 동시에 일어났다.

더 나아가 이 시대의 과학의 발전은 사회 변화를 가져오는 원동력이 되었다. 호이겐스(Huygens Christiaan)를 비롯한 갈릴레이(Galileo Galilei)와 뉴턴(Issac Newton)의 과학적 성과들은 신세계를 이해하는 데 중요한 모멘텀(momentum)을 제공하고 있었다. 특히 뉴턴의 과학적 업적은 인간의 이성이 어떤 능력을 갖출 수 있는지, 무엇을 할 수 있는지에 대한 자기 확신을 갖게 하였고, 그 당시 사람들에게 자연이란 인간의 관찰과 실험과 경험의 대상이 되었다.

이렇게 당시의 사회 문화적, 사상적 변화의 중심축에는 산업 혁명이라는 양날의 칼이 있었음을 부인할 수 없다. 즉 웨슬리가 살고 있었던 영국을 포함한 당시 유럽은 과거 중세와 미래의 다가올 엄청난 새로운 미지의 세계가 이미 경험되고 있는 두 가지 다른 혁명들의 각축장이라 표현할 수 있을 것이다.

21세기는 토플러가 말한 제3의 물결의 시기로서 정보화 혁명의 시대이다. 이것은 웨슬리 당시 영국이 체험했던 산업 혁명의 물결과는 질적으로 다른 또 다른 혁명의 물결이다. 이 시대에 사는 현대인들은 인간의 존엄성과 가치를 위해 법이 정하는 합법적 권리를 보장받으려 한다. 그리하여 모든 국가의 국민은 자신의 인권의식과 존재감에 대한 질적인 조건을 삶의 우선순위로 꼽고 있다. 구텐베르크(Johannes Gutenberg)의 활판 인쇄술이 유럽의 종교개혁을 성공적으로 이끈 매체였다면, 21세기 인터넷과 SNS[6]는 이 시기 인간의 인권 혁명을 순식간에 전 지구적으로 확산하게 한 일등공신이 되었다.

이렇게 본다면, 절대 권력, 절대 진리, 절대 가치에서 벗어나 인간의 합리적이고 이성적인 것을 공리적인 것으로부터 찾으려 했던 과거 웨슬리 시대와 중앙집권적이고 획일적이며 표준화된 가치의 척도를 배격하고, 개인의 서로 다름과 상대적이며 다양한 가치를 존중하고자 하는 21세기 포스트모던(post-modern)적 흐름은 사회적으로나 사상적으로 유사한 점이 있다 하겠다.

웨슬리가 살았던 그 당시는 인간 이성이 중심을 이루고, 인간 중심의 가치 체계가 형성되었다는 점에서는 긍정적인 평가를 할 수 있을 것이다. 반면, 그가 살았던 산업 혁명 시대의 부정적인 사회의 어두운 모습은 웨슬리로 하여금 킹스우드학교와 같은 교육적 대안을 찾게 했을 것이다. 당시 영국의 어두웠던 시대가 안고 있었던 사회적 문제들은 21세기를 살아가고 있는 우리들의 시대적인 문제와 크게 다르지 않으며, 이런 관점에서 웨슬리가 킹스우드에서 찾았던 교육적 대안이 오늘날의 한국교회의 대안이 될 수 있다는 필자의 연구 동기가 하나의 희망으로 다가온다.

웨슬리 시대의 큰 사회 변화가 산업 혁명의 폐해였다면 우리가 사는 현대 사회의 주요 문제는 도시화로 인한 인구 집중화 현상, 부의 편중과 양분화가 된 사회계층의 이질화 현상, 지식 정보화로 인한 각종 인터넷 범죄와 개인 정보의 노출, 그리고 과학 기술의 편향된 발달로 인한 자연 생태계의 파괴와 인간의 소외현상 등이라고 말할 수 있다. 이는 웨슬리 시대보다 더 복잡하고 다양한 사회 경제적, 정치적, 문화적 혼란을 야기하고 있으며, 특히 정신 세계의 혼란과 외적인 문제들, 그리고 정신의 퇴보와 타락, 무질서와 같은 현상 등이 가해져 해법을 찾기 어려운 상황에 처해 있다.

당시에 존 웨슬리는 산업 혁명이라는 거부할 수 없는 대세에 의한 기계화와 세속화의 거센 바람을 극복하면서 교회를 혁신적으로 갱신하기 위해 심혈을 기울였다. 웨슬리의 설교를 통한 영혼 구원 사업과 교회 갱신은 영국교회만이 아니라 다른 나라에까지 그 영향력을 행사하게 되었다. 이것은 절망적인 상황에서 사회 전반에 걸쳐 새로운 희망을 제시했던 종교개혁 후의 개혁자 웨슬리의 사회 복음화를 위한 소명이기도 하였다.

그런 의미에서 웨슬리는 그가 살던 시대에 영국교회를 갱신시킨 인물임이 틀림없다. 그의 교회 갱신은 사회 갱신으로 이어졌고, 마침내 그는 영국 사회를 새롭게 변화시킨 산업 혁명 시대에 개신교를 쇄신시킨 또 하나의 개혁자가 된 것이다.

같은 맥락에서 한국의 현대교회는 새로운 변혁 자를 필요로 한다. 그런데 교회가 갱신되기 위해서는 먼저 교회 교육이 개혁되지 않으면 안 된다. 웨슬리의 교육은 마치 모델과도 같다. 웨슬리 당시의 상황보다 현대는 좀 더 복잡하고 다원화되었다는 차이일 뿐 상당한 유사성을 지닌다. 그래서 당시의 문제점을 극복했던 웨슬리의 활동은 현대의 우리에게 상당한 조언이 된다. 특히 웨슬리는 킹스우드학교를 설립하고 자신의 교육 사상을 마음껏 실현했던 모습에서 웨슬리 교육의 정신과 방법론이 현대인의 교사로서 그 역할을 할 수 있으리라.

3. 교회학교 부흥! 웨슬리에게서 희망을 찾다

웨슬리 당시에 교회학교나 어린아이에 대한 '대중화 교육'이라는 개념은 존재하지도 않았다. 산업 혁명으로 시작된 귀족과 평민, 지배층과 피지배층이라는 양분된 사회 구조에서, 사회 구조의 변화에 대한 예고는 지배층에는 상당한 부담으로 작용하였다. 신분을 떠나 개인이 갖춘 능력대로 대우받고자 하는 기회균등의 욕구로 인해 민중이 각성하는 것은 기득권층으로서는 원하지 않는 일이었을 것이다.

이런 상황에서 '교육'이라는 뜨거운 감자는 조심스럽게 다루지 않으면 안 될 민감한 문제가 되었다. 단지 귀족 자녀들에게만 교육의 기회가 주어졌을 뿐, 대중의 자녀들은 교육이 필요하지도 않았다. 그러나 웨슬리는 소외된 아이들의 교육 불평등을 해소하기 위해 킹스우드학교를 설립했다. 킹스우드학교는 학교 교육을 담당하기도 했으나, 그 근본적인 목적은 복음전파에 있었다. 즉 복음학교가 목적이었으나, 교육도 담당했다는 점이 특징이다.

이런 특징을 현대 교육에 적용한다면 현대의 교회학교가 복음학교에 목적을 두지만, 교육을 비롯한 여러 콘텐츠 등을 공급해 주는 역할이 요구된다고 볼 수 있다. 교회 환경에서 현재 교회학교가 안고 있는 모순점을 극복하고, 교회의 참된 양육과 교육이 회복되기 위해서는 교회학교의 갱신을 넘어 개혁 운동이 시급히 일어나야 한다. 한국 사회의 개혁과 성숙이 통합된 변화를 위해서는 교회 교육의 개혁이 선행되어야 한다.

18세기 어두웠던 영국 사회의 문제를 극복하고 새로운 개혁 운동을 펼쳤던 참 기독교 교육자 웨슬리가 가졌던 교육 사상을 연구해야 하는 이유와 동기는 오늘의 교회와 사회현실에서 찾을 수 있다. 동시에 한국교회가 다시 그 옛날 부흥의 역사를 다시 회복할 수 있는 희망도 바로 18세기의 교육 실천가로 살았던 존 웨슬리에게서 발견할 수 있을 것이다.

기독교 신앙 교육에 대한 열정과 헌신, 조국의 복음화를 위한 집념과 소명은 그 어떤 종교 개혁가에게서도 일찍이 찾아볼 수 없었던 것이었다. 분명히 웨슬리는 주일학교 창설의 산파였고 학교 경영과 교육 목회자, 그리고 평신도 교육에서 유능한 감리교도(Methodist)였다.[7] 당시에 웨슬리가 정립하고 실천했던 교육 신학은 타락해 가던 영국의 정치와 경제, 그리고 사회와 문화 및 교육의 모든 부분에 커다란 변화를 가져 왔다. 웨슬리가 이루어낸 교육적 공헌은 지금까지도 전 세계의 교파들에 의해 보전되고 있는 것은 말할 것도 없으며, 그것은 사회를 변화시킨 종교와 교육의 하이브리드(Hybrid) 모델이었다는 점에 있다.

이와 같은 업적에도 불구하고 존 웨슬리가 단지 신학 일색으로만 조명되고 연구되어 왔다는 것은 유감스러운 일이다. 그러나 위대한 목회자요, 신학자요, 부흥사요, 전도자로만 추앙받는 웨슬리는 사실상 그 이상의 능력을 하나님께로부터 부여받은 다중지능의 소유자이며 위대한 교육자요, 교육개혁가였음을 부인하기가 어렵다.

한국에서 웨슬리를 교육개혁가로 다루고 그의 교육 사상을 한국의 사회적인 문제 극복하기 위한 대안으로 삼아, 현대의 교육에도 개혁이 일어나야 한다는 문제의식이 있다. 이 책은 그것을 해결하기 위해서 교육 사상의 모델을 웨슬리에 두고, 목회자나 신학자 웨슬리가 아닌 교육개혁가 웨슬리에 대해 집중적으로 다루는 데 큰 의의가 있다고 할 수 있겠다.

제2장
웨슬리의 성장과 교육 사상

　존 웨슬리의 교육 개혁이 빛을 발하고 성공적인 절정을 이루었던 것은 킹스우드학교를 통한 교육이었는데, 여기서 그의 일생의 교육 사상이 융합되고 승화된 성공적 교육 개혁의 장이 펼쳐졌다고 볼 수 있다. 웨슬리가 이러한 교육학적 의식을 마련할 수 있었던 배경에는, 당시 영국의 시대적 조류와 사상의 흐름을 담고 있었던 교육 철학으로 루소, 로크, 코메니우스 등의 교육 사상가들로부터 받았던 여러 요인이 있을 수 있지만, 무엇보다 그의 어린 시절의 교육이 중요한 역할을 하였다.
　따라서 이 장에서는 웨슬리의 어린 시절에 그에게 영향을 준 어머니 수산나의 교육 과정과 그 후 차터하우스(Charterhouse)의 입학 등 태동기에 대해서 살펴보려고 한다. 그런 후에 옥스퍼드대학교 생활로부터 진행된 성장기와 그의 일생을 거쳐 형성되었던 교육 사상의 발전기를 구분하여 그에게 끼쳤던 사상들의 흐름을 가늠해 보고자 한다.

1. 어린 웨슬리와 교육

맹모삼천지교(孟母三遷之敎)라는 말이 있다. 이 말을 통해서, 맹자 어머니의 치맛바람의 위력을 발견할 수 있을 뿐만 아니라, 누구를 만나고 어떤 교육을 받느냐가 한 사람의 인생에 커다란 영향을 끼친다는 사실을 발견할 수 있다. 어린 시절의 웨슬리는 어머니 수산나의 철저한 교육을 받았다. 수산나의 철저한 교육은 웨슬리의 인생에서 진정한 교육자가 되게 만들었다. 그렇다면 어린 시절 웨슬리가 받았던 교육을 살펴보자.

1) 수산나 웨슬리의 가정 교육

존 웨슬리의 부모 사무엘과 수산나 웨슬리(Samuel & Susanna Wesley)는 자녀 교육에 큰 열정과 관심이 있었다. 프랑스어, 라틴어, 그리스어 등의 고전어와 신학을 열아홉 남매에게 직접 가르쳤으며, 아이들과 함께 규칙적인 예배를 드리며 항상 기도해야 할 것을 강조했다. 신앙교육에 큰 관심이 있었던 부모의 열정 때문에, 웨슬리는 어린 시절부터 또래 아이들보다 뛰어난 지적인 능력과 함께 하나님과 교회와 말씀을 중심으로 한 신실한 삶을 살아가게 되었다.

일 년에 한 번 엡워스(Epworth) 교구 사제관에는 알파벳 잔치라는 것을 하였다. 이것은 자녀가 다섯 살이 되어 첫 공과를 배우기 시작하는 날에 첫째 날은 ABC를 배우고, 다음 날은 창세기를 보면서 철자법과 독법, 쓰는 법을 가르치며 수학, 문법, 그리고 역사와 지리도 차례로 가르치는 것이었다. 그런데 웨슬리가 6세가 되던 해에 엡워스 사제관에 불이 나서

가정학교는 중단되었다.[1]

　1707년 2월 7일, 집을 삼킬 만한 엄청난 불길이 목사관을 휩쌌고 식구들은 놀라서 잠에서 깨어났다. 아이들과 형들이 함께 밖으로 뛰쳐나왔다. 이런 상황에서 수산나가 아이들을 점검해 보니 한 아이가 없었다. 그때 목사관 2층에서 사람 살리라는 아우성이 들려왔다. 존이 창문에 얼굴을 내밀고 소리치고 있었던 것이다. 아버지 사무엘이 뛰어 올라갔으나 불길 때문에 다시 내려올 수밖에 없었다. 이때 한 농부가 다른 사람의 목마를 타고 2층에 올라가서 웨슬리를 구해 내려오자마자 목사관의 지붕이 내려앉았다.

　이 위험한 사건을 통해 웨슬리는 어린 나이에도 하나님의 존재를 확실하게 믿게 되었고, 그의 전 생애 동안 화재와 구원에 대한 인상은 늘 강하게 남아 있었다.[2] 어머니 수산나는 생전에 그날 밤의 일을 잊을 수 없었다고 한다. 수산나는 웨슬리를 "타는 불에서 건져낸 부지깽이"(슥 3:2)라고 부르며 웨슬리의 영혼을 특별히 보호하기로 결심했고, 하나님께서 어떤 특별한 사명을 위해 구출하셨다는 섭리와 소명을 강하게 느꼈다고 한다.

　또한 수산나의 교육은 이후에 웨슬리가 자신의 교육 사상을 형성하는 데 중요한 기틀을 마련해 주었다. 존 웨슬리는 엡워스 교구에 속한 사제관 생활에 대해 어머니 수산나의 모습에 대해 이렇게 말한다.

> 나의 어머니는 대가족 살림을 맡아 분주한 생활 속에서도 한결같이 단호하며 흔들림이 없는 고요한 평정을 지니셨으며 모든 가정일을 수행하셨고, 열세 명의 자녀들에 둘러싸여서 편지를 쓰고, 대화하며, 가르치곤 하셨다.[3]

수산나는 힘들고 바쁜 생활 환경 속에서도 엄격한 규율을 통해 자기 의지를 극복하는 훈련을 교육 목표로 삼아 자녀들을 철저하게 지도했다. 수산나는 사람이 자신의 의지대로 하기보다 하나님의 뜻대로 행하는 것이야말로 기독교의 본질이고, 자기의 의지대로 하는 것은 모든 죄악과 비참한 결과를 초래하는 원인이라고 생각했다. 그러한 토대를 가진 수산나의 교육 특징들은 다음과 같다.

(1) 규칙적인 생활 방식

수산나는 열아홉 명의 자녀를 낳았지만, 그중 아홉 명은 두 살이 되지 않아 죽었다. 남은 열 명의 자녀들은 수산나의 교육에 따라 잘 성장하였다. 그들이 잘 성장할 수 있게 된 비결로 '규칙적인 생활 방식'을 꼽을 수 있다. 이런 교육 방식은 1732년 7월 24일에 수산나가 아들 웨슬리에게 보낸 편지에 잘 설명되어 있는데, 거기에는 다음과 같이 교육을 위한 생활 규칙으로서 여섯 가지의 원칙이 들어 있다.

① 아이들에게 일정의 규칙을 주었으며 아이들이 해야 할 일들은 스스로 할 수 있도록 했다.
② 모든 생활 속에서 질서 및 절제의 방법들을 엄격하게 가르쳤다. 어떤 일에서든지 자기의 의지를 내세워서 마음대로 하는 행위를 내버려두지 않았다.
③ 잘못한 행동은 반드시 책임을 물었고, 잘못했을 경우에는 벌칙의 고통이 있다는 것을 알게 함으로써 애초에 잘못하지 않도록 하였다.

④ 가정은 언제든지 조용하며 평온을 유지하게 했고, 이것은 가족들의 행복한 생활을 위해서 필요한 것으로 보았다.
⑤ 모든 언행은 엄격한 예절, 그리고 신중하고 이성적으로 행동하도록 교육했다.
⑥ 부모님의 모든 말씀에는 순종하도록 가르쳤다.[4]

이렇듯 수산나는 바른 규칙에 따라 자녀들의 교육을 목적에 맞게 수행했다. 이런 수산나의 자녀 교육은 1709년에 있었던 엡워스 사제관의 화재로 인해 잠시 주춤했지만, 일 년이 지난 후 흩어졌던 가족들이 다시 새집에 모여 살게 되면서 새롭게 시작됐다. 그러면서 수산나는 새로운 8가지의 세부 규칙들을 만들어 엡워스 사제관들의 자녀 교육 헌장으로 삼았다. 이후에 이것은 어린아이들의 마음을 이해하며 밝혀주는, 아이들의 교육을 위한 훌륭한 방법론으로 평가받게 되었다. 그 자녀 교육 헌장을 나열해보면 다음과 같다.

① 비겁함과 벌에 대한 두려움은 자주 아이들을 거짓말하게 하며, 결국에는 이것이 버릴 수 없는 습관으로 바뀐다는 사실을 알게 되었다. 이를 방지하기 위해서는 누구든지 잘못을 한 것이 알려졌을 때, 솔직하게 자백하고 그것을 '고치겠다'라고 약속한다면 체벌을 하지 않는다는 원칙을 만들었다.
② 이런 규칙을 사용하여 많은 거짓말을 방지했다. 한 사람이 규칙을 지킨다면 이것은 그 이상의 효과를 얻을 수 있었다. 일부러 얼버무리고 모호하게 말하는 것에 대해 일단 너그럽게 봐준다면 이후에

는 그 아이를 교정할 수 없다. 아이가 한 말 중에 거의 많은 부분이 진실하다 해도 일부분이 진실하지 못하다면 결과는 똑같다.

③ 아이들의 한 번의 잘못에 대해서 거듭해서 꾸짖거나 다시 체벌하지 않는다는 것이다. 예전에 지은 잘못을 고쳤다면 이후에는 어떤 경우라 할지라도 그것에 대해 다시 들추거나 꾸짖지 않는다.

④ 아이가 한 가지라도 순종했을 때, 특히 자신이 하기 싫은데도 불구하고 순종했을 때는 언제든지 칭찬해 주어야 하며 그 순종에 따라 자주 상을 주어야 한다.

⑤ 아이가 순종했을 때나 혹은 부모를 기쁘게 하려는 의도로 순종했을 때는 혹시 그 결과가 매우 좋지 않을지라도 그 순종과 의도에 대해 언제나 따뜻하게 칭찬해 주어야 한다. 그러면 그 아이는 앞으로도 더욱 잘하려는 마음을 가지고 자라게 될 것이다.

⑥ 각각의 소유권을 침해해서는 안 되며 아무리 작은 것이라 할지라도 남의 소유에 대해서 침해를 하면 안 된다. 동전 한 개 혹은 핀 한 개라 할지라도 소유자의 동의 없이 손대서는 안 된다. 이 규칙들은 아이들에게 아무리 가르쳐도 지나치지 않는 규칙들이다.[5] 아이들이 부모나 지도자가 없으므로 인해 그런 습관에 빠지게 된다면 부끄럽게도 인간이 세상 속에서 지켜야 하는 정의들은 소홀히 하게 되는 것이다.

⑦ 약속은 정확히 지켜야만 한다. 아이에게 어떤 선물을 주면 그 선물을 다시 거두어서는 안 되며, 그 소유자의 처분에 맡겨야 한다. 다만 선물을 받았을 때 약속한 어떤 의무가 이행되지 않았다면 예외는 있을 수가 있다.

⑧ 여자아이들이 글을 잘 읽을 때까지는 결코 다른 일을 가르쳐서는 안 된다. 왜냐하면, 글 읽는 것을 배우기도 전에 바느질을 배운다면 글도 잘 읽을 줄 모르며, 읽으면서도 잘 이해하지 못하게 되기 때문이다.

(2) 아이의 마음과 성품 형성

수산나는 아이의 마음과 성품이 형성되는 데에 가장 중요한 것은 바로 아이의 의지(self will)를 깨뜨리는 것이라고 했다. 또한 아이들을 매로 다스리는 이유는 그 아이 안에 있는 악한 의지를 깨뜨리기 위한 것이라고 설명한다.[6] 그렇게 아이들의 마음이 성숙하게 형성되기 위해서 먼저 해야 할 일은 아이들의 의지를 정복하는 것이고, 이를 통해서 순종적인 기질을 만들어 주어야 한다는 것이다. 아이들의 의지를 정복하고자 무리한 진행을 하는 것보다는 단계적인 절차를 서서히 밟아가야 한다. 또한 이러한 방법들을 반복적으로 진행해 나가는 것이 매우 중요하다. 만일 제때에 바로잡지 못하고 이미 자란 아이의 의지를 정복하기란 불가능하다.

자녀의 의지를 깨뜨리는 것은 많은 사람에게서 비난받았던 내용일 수도 있다. 자녀의 의지를 깨뜨리는 것은 개개인의 개성을 길러주지 못하며, 줏대 없이 기계적으로 행동하는 사람으로 만들게 된다는 것이다. 그러나 수산나의 교육은 웨슬리를 포함하는 모든 자녀에게 건강한 성품을 갖게 해 주었다. 수산나의 이런 교육 방법론은 존 로크(John Locke)의 '의지의 정복'이라는 교육 원리에서 영향을 받은 것으로 보인다.[7]

여기서 중요한 점은 수산나가 로크의 교육 방법을 복음적인 것으로 승화시켜 활용했다는 점이다. 수산나는 모든 자녀를 교육하면서 교육의 목적을 하나님을 기쁘시게 하는 것에 초점을 두었다는 것이 로크와 다른 점이었다. 수산나는 로크처럼 아이들의 정신과 인격, 그리고 삶의 모든 것들은 교육 때문에 형성되고 만들어진다고 믿었다. 그러므로 수산나는 아이들의 장래의 인격 형성과 더불어 미래의 행복은 전적으로 교육에 달려 있음을 인지하고 의존했다고 볼 수 있다.

아이들의 의지를 정복하는 과정에서 수산나가 '의지의 깨뜨림'을 교육의 목표로 정하고 강조한 이유는 아이들의 영혼을 구원하기 위해서 먼저 잘못된 의지를 깨뜨려야 한다는 신앙적인 의무감을 느꼈기 때문이다. 어떤 환경 속에서도 하나님과 선을 사랑하며 거짓과 교만, 모든 죄악을 인생의 수치와 비통함으로 여길 수 있도록 가르치기 위함이었다. 수산나는 자녀들이 자기 의지와 혈기, 성급함과 완악함, 나쁜 고집과 연약한 인간의 세속적 정욕에 대한 일체의 사랑을 버리도록 훈련했다. 그렇게 함으로써만 오직 참된 경건과 행복에 이른다는 것을 가르쳤다.

수산나가 특별히 강조했던 것은 자녀 교육을 통해 아이들의 삶 속에서 하나님의 영광을 나타내는 일이었고, 이 일을 교육의 목적으로 삼았다. 수산나에게 있어 자기의 본성적인 의지는 불경건하고 비참하며 불행한 인생의 원인이다. 행복한 삶은 자기 본성의 의지를 철저히 깨뜨리고 자기의 경건의 수고를 통해 거룩한 삶에 이르는 길을 통해 성화되는 삶을 사는 것이다.

존 웨슬리가 18세기에서 가장 중요한 교육자로 취급될 수 있는 것은 이러한 어머니 수산나 웨슬리의 교육이 있었기 때문이라 해도 틀린 말은 아니다. 수산나는 자녀들에게는 좋은 어머니, 위대한 스승, 개인교수, 상담자, 인생의 안내자, 신학 교수, 친구, 목사, 영적 지도자, 속회의 속장 등의 역할을 하는, 탁월한 경건의 표본이었다.[8] 한마디로 수산나는 자녀들을 위해서 자기의 경건의 수고와 훈련된 사랑을 전부 쏟아부었던 한 가정의 훌륭한 어머니였다.

정리하자면, 어머니 수산나는 웨슬리의 어린 시절 동안 자녀의 교육에 지대한 관심과 공을 들였는데, 웨슬리라는 위대한 인물을 낳은 수산나의 교육에는 몇 가지 중요한 특징들이 있다.

첫째, 조기 의지 통제 교육을 들 수 있다.

수산나에게 있어서 가정 교육의 핵심은 조기에 "의지를 꺾는 일"(Will Breaking)이었다. 그녀는 "의지를 꺾는 일"은 아이들이 나이가 어리면 어릴수록 더 효과적이라고 생각했다.

둘째, 개인 면담 교육과 가정학교 교육을 특징으로 들 수 있다.

수산나는 모든 자녀에게 개인적으로 일주일에 한 시간씩 상담도 해주었는데, 이 시간에 그리스도인으로 해야 할 일들에 대하여 가르쳤고 그들의 질문에 대한 대답도 해주었으며, 매일매일 규칙적으로 생활하도록 가르쳤다. 수산나의 이러한 개인 면담교육은 아이들을 상담하고 격려하고 성경 말씀을 들려주는 등의 노력을 기울이는 일종의 기독교 교육 시간이었다.

셋째, 반복 교육이 특징이다.

수산나는 아이들이 이해할 때까지 반복해서 가르쳤고, 5세가 되면 그 쓰는 법을 가르치는 데 보통 하루를 보냈다. 그러나 깨닫지 못하는 아이는 인내심을 가지고 스무 번씩 가르치기도 했다. 이처럼 수산나가 같은 과목을 스무 번씩이나 가르친 것은 반복교육에 대한 그녀의 교육신조라고 볼 수 있다. 이처럼 수산나의 교육 특징은 웨슬리에게도 이어지게 된다. 그가 설립한 학교의 교육 이념에서 확인되는데, 그는 어머니의 자녀 교육법을 자신의 교육 지침으로 삼고 자신이 설립한 학교를 엄격하고도 철저하게 그리고 온유함을 겸비해서 운영하였다.

2) 차터하우스의 교육

웨슬리는 10세가 되던 1713년에 '차터하우스 스쿨'에 정식으로 입학해서 정규과정을 공부하기 시작했다. 그는 런던의 차터하우스(Charterhouse), 오늘날의 중학교에 재단 장학생으로 입학해서, 16세에 졸업할 때까지 이 학교에서 공부했다.[9] 그곳에서 유명한 음악가인 헨델과 펩쉬를 만나 깊은 교제와 함께 개인적인 친분을 쌓았다. 그들과의 만남은 웨슬리가 앞으로 음악을 활용한 목회를 하고 하나님과의 감성적 교제를 원활하게 하는 계기가 되었다.

그렇지만 웨슬리의 학교 생활이 그리 즐거운 편은 아니었다. 귀족적인 분위기를 풍기는 소년들 속에서 가난한 시골교회 목사의 아들은 많은 어려움과 궁핍한 경험을 할 수밖에 없었다. 그는 생활비를 무척 절약했고, 그의 용돈이 적어서 일상은 너무나도 구차한 생활의 연속이었다. 처음 5년 동안 음식은 빵뿐이었으며, 고기는 상급반 아이들이 다 뺏어가 버렸다고 회고했다. 후일에 그는 채식을 건강의 근원으로 삼았다. 그는 그렇게 튼튼하지 못했기 때문에 그의 아버지는 그의 폐를 걱정하여 매일 아침 교정을 세 바퀴씩 뛸 것을 권했고, 그는 이것을 잘 실행했다.

그러나 차터하우스의 가장 큰 문제점은 학교의 전반적 분위기가 아주 부패하였다는 데에 있었다. 그의 신앙 생활 역시 결코 좋은 신앙 수준을 유지했다고 볼 수는 없었다. 타이어맨(Luke Tyerman)은 "존 웨슬리가 차터 하우스에 들어갔을 때는 성인이었지만 졸업할 때는 죄인이었다"라고까지 말하기도 했다.[10]

웨슬리는 그때를 다음과 같이 회고하고 있다.

> 외부적 제재가 없어지면서 나는 외부적인 책임에 대해서 전보다 훨씬 게을러지게 되었다. 그리고 세상의 눈으로 보기에 수치스럽지 않아도 내가 알기에 죄가 되는 그런 '내적인 죄성'의 문제에 계속해서 시달리고 있었다. 그런 나는 계속 성경을 읽었고, 아침저녁으로 기도했다. 그리고 첫째, 다른 사람들처럼 나쁘지 않았고, 둘째, 계속적으로도 종교에 관해서 호의를 가지고 있었으며, 셋째, 성경 읽고, 교회에 가고, 기도하는 것을 통해서 구원받고자 했다.[11]

웨슬리가 차터하우스의 학생으로 살아가던 때는 교육의 부패와 빈부격차로 인한 아픔과 고난을 몸소 체험했던 시절로, 그의 마음속에서는 교육의 문제점과 교육에 대한 의식이 태동하고 있었다고 보인다.

3) 웨슬리의 어린 시절에 대한 요약

웨슬리의 생애에서 교육 사상이 형성되었던 중요한 시기라고 할 수 있는 태동기는 크게 어머니 수산나를 통한 가정 교육 시기와 10세 이후에 입학했던 차터하우스 시기로 구분할 수 있다.

첫째, 어머니 수산나의 가정 교육은 10명의 형제자매 사이에서 일정한 규칙과 엄격한 규율, 그리고 신앙적인 영향에 따른 교육으로 볼 수 있겠다. 어머니 수산나 웨슬리는 청교도 가정에서 받은 교육적인 유산을 자신의 자녀들에게도 영향력 있게 잘 물려주었다. 수산나가 모든 자녀의 행복에 관심을 기울이고, 온 가정을 엄격히 다스리려 했던 점을 주목할 필요가 있다.

특히 웨슬리를 훈육하기 위해서 수산나는 그의 의지를 깨뜨렸다. 그 이유는 웨슬리의 마음속에 종교와 덕의 참된 원리들을 주입하기 위해서였다. 천국과 지옥이 인간의 자유 의지에 달려 있다는 것으로 여기고, 부모에게 복종하는 의지적인 훈련을 시켰다. 수산나는 개인적인 묵상기도를 좋아했고, 사도신경 강해를 잘 썼으며, 웨슬리의 좋은 상담자이기도 했다.[12]

수산나는 존 웨슬리의 아버지 사무엘 웨슬리보다 그의 자녀들에게 많은 영향을 미쳤다. 그래서 엡워스 교구의 사제관은 잉글랜드국교회의 사제관이긴 했지만, 청교도 가정이라 말할 수 있을 것이다.[13] 존 웨슬리는 그의 어머니 수산나로부터 청교도적인 유산을 전수하였다. 그러므로 웨슬리는 태동기에 어머니 수산나로부터 청교도적인 신앙의 유산을 물려받았으며, 엄격하게 자기 의지를 깨뜨리고, 하나님의 말씀으로 믿음에 이르는 교육을 받았다. 많은 형제 중에서도 규칙적인 생활과 엄격한 규율 훈련을 받은 웨슬리는 규율과 의지를 깨뜨리는 교육, 청교도적인 신앙유산을 물려받은 교육으로 교육 사상의 토대를 형성했다고 보아야 할 것이다.

둘째, 차터하우스에 입학한 이후로 웨슬리의 교육 사상과 삶은 어렵고 험난한 인생 여정과 부패하고 차별화된 빈부 격차에 대한 어려움을 극복하는 실천적 여정을 통해 성숙해졌다고 볼 수 있다. 웨슬리는 고기를 상급자들에게 빼앗겨 불평등한 삶 속에서 살기도 했고, 힘든 가정 형편으로 소외되는 아픔을 겪기도 했다. 그가 불평등의 모순과 빈부 격차의 아픔을 몸으로 체험하면서, 소외된 계층에 대한 동정 의식을 갖기 시작했다고 볼 수 있다. 차터하우스의 과정은 부패한 여건 속에서도 변함없는 신앙을 이어간 웨슬리의 신앙 훈련의 장이자, 소외를 경험함으로써 소외된 계층을 위한 갱신의 의식이 싹튼 시기로 볼 수 있을 것이다.

2. 청년 웨슬리와 교육

웨슬리는 옥스퍼드대학교에 들어가서 어엿한 청년으로 자라났다. 그는 청년 시절 신성클럽(Holy Club) 활동을 통해서, 하나님의 일을 향한 열심을 품고 그의 안에 있는 에너지를 쏟아 내고 있었다. 성직자가 되기로 마음 먹고 인생에 확고한 변화가 있었던 사건들은 그때로부터 13년이나 지난 후의 일이지만, 그가 에너지와 정열이 넘치는 청년이었다는 점과 당시의 철학적 사상과 조류가 웨슬리의 사상적인 기조를 변화시키고 형성시키며, 성숙시키는 계기를 만들었다는 점은 분명하다.

웨슬리의 성장기는 6년 동안의 차터하우스 교육 과정을 모두 마치고 1720년에 장학생으로 선발되어 옥스퍼드대학교의 크라이스트처치대학(Christ Church College)에 입학한 후의 시기로 구분할 수 있을 것이다.

1725년 22세에 그는 생애에 큰 전환기를 맞게 된다. 자신의 진로에 대해 깊이 고심한 웨슬리는 마침내 성직자의 길을 걷기로 하였다. 그는 사람의 눈으로 보기에는 흠잡을 게 없었지만, 성직을 맡기에는 부족한 것이 한 가지 있었다. 그것은 영적인 경험을 사모하는 마음이 없었다는 것이다.

그가 먼 훗날 그때를 회고하면서 한 말이다.

> 나는 아직 내 마음에 성결에 대한 개념조차 갖지 못했었다. 내 종교 생활은 습관에 지나지 않았으며, 명백한 죄를 범해도 뉘우치는 마음이 없었고 도리어 그 죄에 만족했다.[14]

이런 그가 성직자의 길을 걷기로 작정하는 데 큰 영향을 준 책은 토마스 아 켐피스(Thomas a Kempis)의 『그리스도를 본받아』와 제레미 테일러(Jeremy Taylor)의 『거룩한 삶과 죽음』이다.[15]

> 하나님의 인도로 나는 토마스 아 켐피스의 『그리스도를 본받아』를 읽게 되었다. 나는 이 책을 읽음으로 인해 참된 종교는 사람의 마음속에 깊이 뿌리박힌다는 사실과 하나님의 섭리의 손길은 우리의 언행뿐만 아니라 우리의 사상에도 영향을 미친다는 것을 깨달았다.[16]

이 시기는 웨슬리의 생애에서 큰 전환기였다. 웨슬리가 그리스도를 믿음으로써 구원을 받았다는 거듭남의 경험은 이때로부터 13년 뒤에 있었지만, 하나님과 인류를 위해 인생을 바치겠다는 목적을 세운 것은 이때부터였다. 웨슬리는 22세 때인 1725년 9월 19일에 집사 안수(부제 서품)를 받았다. 옥스퍼드 주교인 요한 피터가 옥스퍼드 크라이스트처치대학 예배당에서 그에게 안수했다. 목사 안수(사제 서품)는 그 후 3년 뒤에 받았지만, 가끔 설교를 했다. 그의 설교는 지극히 평범한 것이었다. 그는 당시 설교에 대해 다음과 같이 회상했다.

> 1725년부터 2년 동안 나의 설교는 실패였다. 나는 그때 청중이 신자이기 때문에 회개할 필요가 없으리라는 생각으로 회개와 복음의 진수를 생명으로 삼지 않았다. 예수 그리스도의 보혈의 대속에 대한 신앙을 전파하지 않았기 때문에 내 설교는 힘이 없었고 감화력을 잃었다.[17]

웨슬리는 옥스퍼드대학교에 입학한 이 시기 동안, 그리스어 성경을 연구하고 신학 서적을 탐독했으며, 셰익스피어 등 폭넓은 문학서적을 공부했다. 그리고 1726년 3월에는 옥스퍼드대학교에 있는 링컨칼리지(Lincoln College)의 연구원으로 발탁되었다. 당시에 18세기 옥스퍼드대학교의 연구원 보조금은 우수학생에게 지급되었다. 경제적인 곤란 속에 살아야 했던 웨슬리에게 연구원으로 발탁된 일은 큰 도움이 되었다. 링컨칼리지의 연구원은 링컨사 출신 후보들 가운데서 선출하도록 했는데 웨슬리는 그런 조건이 다 갖추어져 있었고 아버지 사무엘의 지인들 추천도 있었기 때문에 그와 같은 행운을 누릴 수 있었다.[18]

웨슬리가 문학사의 학위를 받은 때는 1727년이었고, 당시에 그는 웅변가로서도 명성이 높았다. 아버지 사무엘 웨슬리는 65세의 고령임에도 불구하고 엡워스(Epworth) 교구와 루트 교구 둘을 모두 맡고 있었다. 그의 아버지는 혼자 두 교구를 감당하기 힘이 벅차서 아들 존 웨슬리를 부목사(보좌 사제)로 청빙했다. 웨슬리는 2년 3개월 동안에 부친의 교구에서 봉직한 이후 1729년에 옥스퍼드대학교의 조교수로 피선되어 다시 학교로 돌아왔다.[19]

웨슬리는 옥스퍼드대학교로 돌아온 후에, 즉시 동생이 조직한 단체인 신성클럽(Holy Club)의 지도자로 추대됐다. 1729년에 타락한 조국을 바로잡고자 하는 뜻 있는 청년 몇 사람이 조직했던 신성클럽은 존 웨슬리를 신임회장으로 임명했다. 웨슬리는 이들을 지도할 때에 하나님을 경외하는 정신을 가지고 신중했으며, 다른 사람의 의견들을 존중했고 일반 회원들에게도 항상 겸손했다. 그들은 매일 밤 규칙적으로 모여서 기도하고 그리스어 성경과 고전 문학 등을 연구했다.[20] 신성클럽에서 성경 연구의 첫 열매는 구제운동이었다. 그 목적으로 그들은 가난한 자들을 방문하고 병자들을 위문하는 등 여러 가지 봉사사업을 펼쳤다.

옥스퍼드 주교의 허가로 그들은 감옥뿐만 아니라 시내에 있는 가난한 가정들을 심방하고, 가난한 아동들을 모아서 가르치기도 했다. 또 신성클럽 회원들은 그들의 수입 30파운드에서 2파운드를 구제비로 썼고, 다음 해도 역시 90파운드 수입 중에서 생활비 28파운드를 뺀 62파운드를 가난한 사람들의 구제를 위해 썼다.

1735년 4월 25일에, 웨슬리의 아버지 사무엘 웨슬리는 72세의 일기로 세상을 떠났다. 그 이후 웨슬리는 몇 명의 신성클럽 회원과 함께 북아메리카 조지아로 선교여행을 떠났으며 남겨진 신성클럽의 회원들은 계속하여 모임을 했다.

웨슬리의 신앙과 생활은 초기에는 한 대학을 깨우쳤고, 그 이후에는 영국 전역에 믿음의 불을 일으켰으며, 이후에는 바다를 건너 북아메리

카 대륙과 전 세계에 신앙의 불꽃이 일어나도록 만들었다.[21]

웨슬리는 옥스퍼드대학교 시절을 보내면서 자신의 인생의 진로에 대해 고심했는데, 결국 성직자가 되기로 한다. 이 시기에 그는 하나님을 위해서 헌신적인 삶을 살아야 할 것을 결심했는데, 그때는 그가 공생애의 삶을 살아가게 되는 중요한 계기였다. 특히 웨슬리의 활동이 주는 의의는 그가 성장기를 거치면서 '이론가에서 실천가로' 옮겨지는 성숙의 시기를 맞았다는 점이다. 장래에 대한 결정과 신성클럽의 지도자가 된 후, 그는 가난한 아동들을 모아서 가르치거나 빈민들을 돌보며 헌신하는 삶을 사는 실천적인 모습을 구체적으로 보였다.

3. 교육에도 철학이 있어야 한다

웨슬리가 청년 시절에 정열의 사역으로 불태웠다면, 그의 교육 사상의 변화와 성숙의 과정을 거쳤던 그 시기에 흐르고 있었던 당시의 철학 사상에 대하여 살펴볼 필요가 있다. 영국을 살리고 변혁시켰던 교육개혁가 웨슬리의 교육 사상 형성에 대한 역사적 연구는 웨슬리의 어린 시절과 차터하우스의 시절이라고 할 수 있는 교육 사상의 태동기, 그리고 옥스퍼드대학교 재학 과정으로 분류할 수 있는 성장기, 마지막으로 자신의 교육 사상을 영향을 미치고 그것을 융합하고 실현했던 발전기로 분류할 수 있겠다. 그렇다면 일생 동안 웨슬리의 교육 사상에 영향을 미쳤던 당시의 사상과 철학에 대해서 살펴보자.

1) 당시 유럽의 교육 철학

철학사에서 큰 양대 산맥을 꼽으라고 한다면 대륙의 합리론과 영국의 경험론이라고 말할 수 있다. 영국은 유럽 대륙과는 다른 독자적인 형태의 철학을 전개해 나갔는데, 그것은 아마도 영국이 가지고 있는 기질적 혹은 지리적 특성 때문이었을 것이다. 그럼에도 영국의 경험론은 유럽의 합리론과 마찬가지로 중세의 세계관을 극복하면서 새로운 "근대적 자아"의 발견과 새로운 자연관을 형성하였다. 하지만 근대적 자아에 대해서 합리론자와 경험론자가 바라보는 입장은 매우 달랐다.

합리론자에게 있어 자아란 선험적 자아(transcendental ego)였던 반면, 경험론자에게는 경험적이고 일상적인 자아였다. 그도 그럴 것이 합리론자였던 르네 데카르트(Rene Descartes) 같은 경우, 자아란 감각적인 경험과 상관없이 순수한 이성의 빛에 의해서 파악되는 것이고, 경험 이전에 경험을 가능하게 하는 기본 조건으로 먼저 주어져 있는 것이었다. 그런 의미에서 합리론의 자아는 신의 존재 다음에 놓이게 되는 지위까지도 가능할 정도였다.

이와는 달리 존 로크(John Locke)나 조지 버클리(George Berkeley)는 자아가 정신적 실체라는 점은 부인하지 않았지만, 그것은 합리론자들이 주장하는 것처럼 추상적인 자아가 아니라 감각하고 느끼고 기뻐하고 슬퍼하는 구체적이고 일상적인 자아였다.[22]

자연에 대해서도 합리론자와 경험론자의 입장은 명확하게 구분되었다. 데카르트는 자연을 이성에 의해서 남김없이 파악 가능한 존재로 인식하였고, 스피노자(Baruch Spinoza)는 자연을 능산적 자연(natura naturans)[23]과

소산적 자연(natura naturata)[24]을 구분함으로써 자연을 추상적으로 보았다. 경험론자인 뉴턴(Issac Newton)이나 베이컨(Francis Bacon)은 자연을 경험의 대상, 실험적 탐구의 대상, 경험적 성질을 갖춘 대상으로 취급하였다.[25]

영국의 경험론이 태동하게 된 배경에는 단지 유럽의 합리론과 대립한 철학사적 사건만이 있었던 것은 아니다. 사상적이고 체제적인 변화 속에는 사회적 현상의 변화가 있었음을 간과해서는 안 된다. 이를테면 17~18세기의 전반적인 흐름 속에서 교회의 권위나 전제 정치에 대한 반감과 저항이 퍼져 나갔다. 그래서 노예매매나 신성불가침에 대한 일대 반성이 일어났다.

물론 이 저변에는 그간에 중세교회의 신 관념적 사유 속에서 '나'라는 존재의 발견이 있었는데, 내가 존재한다는 것, 그리고 진리라고 하는 것을 누구의 도움(교회)도 없이 오직 이성의 힘으로 알 수 있다는 것을 깨달았다. 더불어 과학의 발전은 사회 변화를 가져오는 원동력이 되었다.

호이겐스를 비롯한 갈릴레이(G. Galilei)와 뉴턴이 우주와 세계를 이해하는 데 중요한 역할을 하였음을 두말할 필요가 없겠다. 특히 뉴턴의 과학적 업적은 인간의 이성이 어떤 능력을 갖출 수 있는지, 무엇을 할 수 있는지에 대한 자기 확신을 하게 만들었고, 이제 자연은 관찰과 실험의 대상, 경험의 대상이 되었다.

이러한 배경 아래에서 인간은 자기반성을 통하여 진리의 기준이 교회나 교황에 있지 않고 인간의 이성이나 감각과 관계된다고 주장하게 되었다. 이를 통해서 인간의 지성적 활동은 도덕과 윤리에 상당한 변화를 가져왔고, 주체적 활동을 가능하게 하는 존 로크의 이른바 시민정부론은 근대 민주주의의 초석이 되었다.[26] 추론해 볼 때 아마도 이러한 시대적 배경에서 존 웨슬리 역시 인간의 자유 의지와 도덕과 윤리적 변화를 주창할 힘을 얻었을 것이라고 판단할 수가 있다.

특별히 경험적 신앙과 신학은 영국 경험론의 토대를 둔 진리의 자기 확신에 박차를 가하는 토대가 되었을 것이라고 짐작할 수가 있다. 그런 의미에서 존 웨슬리의 교육 철학 혹은 교육 신학은 영국의 경험론과의 연관성 속에서 의의를 찾아야 한다. 그가 유달리 경험적 신앙을 강조하는 것 또한 바로 영국의 경험철학의 영향에서 벗어날 수 없었기 때문이라고 생각해야 한다.

18세기 프랑스는 부르주아 혁명을 이데올로기적으로 준비했고, 이것은 18세기 중엽부터 이루어진 계몽주의 사상에 의한 민주주의적 경향에 의해서 촉발되었다고 볼 수 있다. 이때 볼테르(Voltaire), 몽테스키외(Montesquieu)를 비롯한 프랑스 유물론자들의 세계관도 함께 자리를 잡고 있었다. 이러한 상황 속에서 루소를 선두로 한 계몽주의 민주주의자들은 그들의 사회, 정치, 철학의 저서들을 통하여 봉건제도와 절대주의에 맞서는 의식을 반영하였다.

18세기 후반의 프랑스에서 제3의 신분은 도시의 수공업과 매뉴팩처에서 일하는 노동자들이었는데, 이들은 봉건영주와 부르주아의 착취와 지배를 근절하려고 하였다. 바로 루소는 이러한 계몽주의 철학자들 및 유물론자들과 친분을 맺고 있었다. 어쩌면 루소는 이와 같은 철학자들과 함께 부르주아 혁명의 불씨를 당기는 봉건적인 스콜라(Scholar) 학습과 교육에 비판을 가하고 자연주의 교육을 주창하게 되었는지 모른다.

특히 학교의 제1임무는 선한 인간과 시민의 양성인데 그러기 위해서는 선행을 위한 도덕적 감각의 발달은 중요하게 다루어져야 했고, 모든 사회적 영역에서의 신분적 특권은 없어야 했다.²⁷ 그러면서 그는 무엇으로도 파괴되지 않는 자연, 혹은 자연인을 추구하게 되었을 것이다. 그는 이른바 "녹이 벗겨진 신의 얼굴"과도 같은 인간의 모습으로서 자기의 내면성과 자기 본성을 믿고 따르는 존재를 발견하려고 했다.²⁸

이러한 18세기의 유럽의 상황에서 웨슬리는 철학적 사유를 견지하였고 열정적으로 과학에 관심이 있었다. 그는 적어도 그 당시의 철학적 흐름에 있었던 회의주의자는 아니었지만, 이성을 떠나지는 않았다. 아마도 웨슬리는 뉴턴의 과학과 신앙이 화해하는 것이 필요하고, 로크의 이성주의가 신앙의 심층적 원천과 관련하여 필요하다는 생각을 가졌던 듯하다. 그러면서 그는 18세기의 잉글랜드 국교회의 위기, 즉 이신론과 회의주의에 대해서 신앙적으로 응답하려고 노력하였다.²⁹

2) 플라톤 교육 사상의 영향

존 웨슬리는 플라톤(Platon)의 교육 사상에서 많은 영향을 받은 것으로 보인다. 플라톤은 『국가론』에서 어린아이들을 위한 교육의 중요성에 대해 강조했다. 초기교육이 교육에 있어서 얼마나 중요한지를 강조한다. 특히 가정에서 양육을 통해 형성되는 어린아이의 태도 발달과 습관을 중요시한다. 역시 웨슬리에게 있어서도 어린아이의 교육에 관한 사상은 어머니 수산나의 영향 속에서 잘 나타나 있다.

웨슬리는 자녀들의 양육에서 다음과 같이 설명한다.

어린아이가 말을 배우고 걷기 시작하면서 어머니는 아기의 의지를 깨뜨리는 일을 해야 한다고 말했다. 또한 의지가 깨진 아이들은 부모님께 순종하는 어린아이가 되며, 또는 목회자에게도 순종할 수 있는 아이가 되고, 그런 아이들은 더 나아가 하나님께 순종하는 아이가 되는 것이다. 인간 안에 존재하는 교만은 자기 내면의 의지에서 나오는 것이기 때문에 자기의 의지를 깨뜨려야만 세상을 향하는 마음에서 바른길로 돌이킬 수 있을 것이다.[30]

플라톤의 『국가론』이 말하는 이상 국가에서의 교육이란 지배 계층을 위한 것이, 이는 수호자와 보조자를 위한 교육으로 나누어진다. 여기서 수호자를 위한 교육이란 아테네를 이끌어 가야 할 사람들을 위한 교육으로 철저하게 지혜를 교육의 목표로 삼으며 훈련하는, 귀족 계급들을 위한 교육이라고 볼 수 있다. 이런 수호자의 자녀를 위한 교육은 전문적 지식을 가진 개인 교사들을 통해 이루어졌다. 보조자들, 즉 서민 대중으로 볼 수 있는 생산계급층 자녀 교육의 목표는 바로 '절제'에 있었다. 이와 같은 플라톤의 교육 이상은 18세기 영국 사회에서도 여전히 유지됐다.

당시 영국 사회의 교육 역시 귀족 계급과 노동자 계급으로 분류되어 실행되고 있었다. 귀족 계급의 자녀 교육은 전문지식을 가진 교사의 가정 교육으로 잘 정돈된 질서 속에서 이루어졌으며, 노동자 계층의 아이들은 견습생 훈련을 받기 전에 예비 교육을 받는 정도였다. 이들에게 있어서 18세기 말까지, 교육이라는 개념조차도 존재하지 않았다. 이런 상황 속에서 존 웨슬리는 가난한 노동자인 무산 계급의 자녀들을 구원하기 위한 종교 교육적 목표를 가지고 있었다. 그는 "영혼에 대해서는 하나님이 유일한 의사이기는 하지만 인간도 그 치료에 도움을 줄 수 있으며, 그 도움이란 교육을 통해 효과적으로 이룰 수 있다"고 믿었다.[31]

웨슬리에게 있어서 교육 앞에서 사회계층이란 더는 존재할 수 없었으며, 그는 모든 계층의 교육에 대해 깊은 관심이 있었다. 교육을 통해 타락된 사회와 나라를 바르게 세우는 것, 그리고 하나님의 구원 역사를 이루어 가는 것이 웨슬리에게 있어서 교육 목표라 할 수 있었다.

웨슬리가 교육자가 지녀야 할 자질을 갖고 그가 살던 시대의 공교육과 종교 교육에 큰 영향을 주게 된 데에는 유년시절과 성장기부터 철저했던 어머니의 가정 교육과 엄격한 성품 교육이 있었는데, 그로 말미암아 웨슬리는 교육자로서의 바른 품성을 형성할 수 있었다. 그러나 차터하우스에서의 교육의 부패는, 그가 성인이 되어서 개혁적 사고를 갖고 킹스우드학교를 세우는 데 큰 계기를 준 것이라 할 수 있을 것이다.

제3장
웨슬리에게 영향을 끼친 교육 사상

이 장에서는 웨슬리의 교육 사상에 영향을 끼쳤던 철학적 배경에 대해서 고찰해 보고자 한다. 웨슬리에게 크게 영향을 미쳤던 중요한 사상들은 다음과 같다.

첫째, 루소(Jean J. Rousseau)의 영향이다. 웨슬리는 루소의 책 『에밀』(Emile)을 읽고 루소의 교육 사상을 탐독하고 연구하기도 했다. 그러나 루소의 교육 사상은 지나치게 개방적이므로 수용하지는 않았다.

둘째, 존 로크(John Locke)의 영향이다. 로크는 "교육은 규율"이라고 주장했다. 그의 사상은 그 시대의 성공적인 교육의 근거를 이루는 데 기여했다. 웨슬리가 로크에게서 영향을 받은 것으로 보이는 근거는 "가정 종교"에 관한 설교에서 드러난다. 로크나 웨슬리는 모두 다 자녀를 엄격한 규율로 다스릴 때 회초리를 사용하는 것을 강조하고 있다.

그러나 로크는 사회적인 권위를 더 중요시했고, 또 교역자의 권위를 지주나 귀족 계급의 권위를 지주나 귀족 계급의 권위로 바꾸려 했다. 그러나 웨슬리는 하나님의 권위를 인정하며 부모의 권위는 바로 하나님께로부터 직접 나오는 것이며 하나님께서 위임해 주신 것이라고 말했다.

셋째, 코메니우스(Johann Amos Commenius)의 영향이다. 코메니우스의 주저이며, 최초로 교육학 이론의 체계를 마련한 『대교수학』(Didactica Magna)이나 『범지학』(Pansophia) 등은 후에 웨슬리의 교육 사상에 크게 영향을 끼쳤다.

1. 아이들을 자유롭게 – 루소의 자연주의

웨슬리는 아이들에 대해서는 정말 따스하고 자상한 학습자 이해를 가지고 있었다. 이것은 그가 교육에 있어서 엄격하고 철저한 모습을 가졌던 모습과는 대조적인 모습이다. 웨슬리가 가진 학습자 이해의 원동력은 어린아이를 사랑하는 마음과 그의 마음속에 한량없이 솟아나는 영혼 사랑과 자애로운 마음이었다. 오늘날 아이들에게 무엇을 가르칠 것인가의 문제 이전에, 아이들은 누구이고, 그들의 영혼과 마음이 어떤지를 이해하며, 그들이 자유로운 사고의 존재라는 점을 주지할 필요가 있는 것이다.

웨슬리는 18세기 당시의 혁명에 대해서는 부정적으로 생각하였고, 그에 따라 루소에 대해서도 비판적인 공격을 서슴지 않았다. 게다가 루소나 로크로부터 정부론과 정치론에 대해서도 영향을 받았지만, 신정정치에 대한 자신의 견해에 대해서는 단호하였다. 그래서 그는 "하나님 이외에는 권력이 없다"는 말을 하였다.

분명히 웨슬리는 영국의 데이비드 흄(David Hume), 애덤 스미스(Adam Smith), 샤프츠베리(Shaftesbury)로부터, 프랑스의 콩도르세(Condorcet),

몽테스키외(Montesquieu), 루소(Jean Jacques Rousseau) 등의 인본주의자들의 논증으로부터 자신의 논증을 끌어내려고 노력하였다. 그와 더불어 신학적으로는 퀘이커 교도(Quakers)와 복음주의적 증언을 따랐다. 따라서 그가 루소와 같은 교육학적 영향으로부터 멀리 있지 않았다는 것은 자명하다.[1]

　루소는 자연 상태, 즉 최초의 자연인을 자유롭고 평등한 존재로 생각한다. 그런데 그러한 자연 상태의 인간이 사회 상태로 나오면서 자유롭지 못하고 불평등한 존재가 된다. 루소가 사회 상태의 인간에서 자연 상태의 인간으로의 전회를 꾀하는 것은 그 당시 부르주아 사회의 불평등을 비판하기 위함이었다. 그럼으로써 루소는 인간의 본성이 확장되는 사회가 아니라 회복되는 사회를 바랐다.[2] 이러한 상황 속에서 그의 명저 『에밀』이 탄생했다고 볼 수 있다. 루소의 자연주의 철학과 교육론에 대해서 살펴보기 위해서는 먼저 그의 주저인 『에밀』을 분석해야만 한다.

　루소 철학 자체가 사회와 문명 비판에 대한 것이기 때문에 그의 저서도 그것의 연장선상에서 이해해야만 한다. 루소는 인간이란 존재가 애초에 선한 존재인데 어떻게 해서 인간의 그 본래 성에 걸맞지 않은 악과 오류가 침투해 들어와 인간을 변화시키는 것인가를 고민한다. 그래서 『에밀』은 인간의 본성적 선함을 바탕으로 사회적 악과 왜곡된 역사의 방해를 극복하고 시민으로서의 덕을 형성하는 과정을 묘사하고 있다. 그는 그중에서도 자연 교육을 통하여 선한 인간이 덕을 갖춘 시민이 되는 과정이 곧 교육의 과정이자 문명화의 과정이라고 주장한다.[3]

　특히 루소가 말하는 자연이란 자발적이고 단순하며, 만족하고 있는, 성실하고 정직한 삶을 일컫는다. 프랑스 혁명으로 붕괴하였던 빈부의 구분이 있는 그런 삶, 인위적인 삶과는 완전히 상반되는 삶으로서, 그는 인간이 만든 사회, 즉 인위적이고 피상적인 사회, 무정하고 잔인한 사회에 대해서 인정할 수 없었다.[4]

루소의 탁월한 교육학적 저서인 『에밀』의 첫머리는 이렇게 시작한다.

> 모든 것은 창조자의 수중에서 나올 때는 선한데 인간의 수중에서 모두 타락한다.[5]

그러니까 그의 생각은 본래 인간 존재는 선하게 태어났는데, 나중에 사회적 관계나 역사적 관계에서 악을 행하게 된다고 보는 것이다. 악은 인간의 산물이라기보다 사회적 산물이라는 것이 그의 견해이다. 따라서 인간이 가장 선한 존재가 될 수 있는 조건은 차라리 사회적 영향에 노출되지 않는 것이라고 볼 수 있다. 이러한 철학적 입장은 과학적, 사회적 진보를 주장하는 백과사전파 철학자들과는 정반대되는 것이었다.[6]

그가 "인간을 본질에서 선하게 만드는 것은 욕심을 거의 갖지 않는 일과 자신을 타인과 거의 비교하지 않는 일이다"[7]라고 말하고 있듯이, 루소의 교육론은 본래적 선을 어떻게 하면 유지하고 회복할 것인가에 초점을 맞추고 있다. 애초에 그는 성악설이 아니라 성선설을 주장하였기 때문에 이러한 그의 사상은 기독교 교리와 정면으로 배치됨으로써 교권과 갈등을 겪게 된다.[8]

루소는 교육을 일종의 습관이라고 본다. 인간이 가진 성향은 습관에서 유래하는데, 인간에게 부자연스러운 성향도 있을 수 있다. 그래서 그는 가능한 한 그 부자연스러운 성향들을 자연스러운 것으로, 즉 유일한 습관으로서의 자연에 순응하는 것으로 변화시켜 나갈 필요가 있음을 역설한다. 나쁜 습관에 의해서 변질되기 이전의 자연의 상태로 유지시키는 것, 우리 안에 있는 자연으로의 회귀가 중요하다. 그럼으로써 인위적인 한 시민으로 만드는 것보다 자연으로서의 한 인간으로 만드는 교육이 필요한 것이다. 여기서 "자연인은 자기 자신이 전부"인 존재이다. 즉

> 자기 자신이나 자신과 같은 존재에게만 관련되는 절대적인 총체이다.

반면에 시민은 사회적 존재로서 사회 안에서만 자신의 지위나 정체성을 확인할 수 있을 따름이다.[9] 그에게 있어 자연이란 인간의 참된 본성이자, 자연적 본능, 즉 본유적 성벽이기 때문에 자연환경 속에서 자란 사람은 당연히 이성적인 존재로 보았다. 그는 양심에 따라서 사는 사람이며 양심에 복종하며 사는 사람은 자연을 따르는 사람이라는 것이다. 결국, 자연을 따르는 삶은 인간의 본성적 삶에 부합하는 삶을 의미하며 인간의 신체 기관과 정신 능력의 자연적 발달이 자연 교육이라는 말이다.[10]

존 로크(John Locke)를 비판하는 대목도 발견하게 된다.

> 로크는 정신에 대한 연구를 먼저 시작하고, 이어서 육체에 대한 연구로 넘어갈 것을 권한다. 그 방법은 미신과 편견과 오류에 찬 방법이다. 그것은 이성적인 방법도, 질서정연한 자연의 방법도 아니다. 그것은 눈을 가리고 보는 법을 배우는 일이다. 정신에 대한 올바른 관념을 가지기 위해서는, 또한 정신이 존재하는 것인가 회의하기 위해서

는 물체를 오래도록 연구해야 한다. 이 반대의 순서는 유물론을 확립하는 데 이용될 뿐이다.[11]

루소는 로크의 교육 방법론에 대해서 신랄하게 비판한다. 그의 방법론은 미신, 편견, 오류로 가득 차 있다는 것이다. 처음에는 성경에서 시작하지만, 인간성의 정신을 강조하다가 나중에는 학과로 넘어가고 만다고 지적한다. 한마디로 루소가 보기에 로크의 교육은 정신을 너무 강조한 나머지 유물론을 정립시킨 꼴이 되고 말았다.[12]

루소의 신에 대한 증명, 곧 물질의 운동 법칙과 세계의 합목적성은 유물론에 대한 반박을 위한 것이었다. 그에게 있어서 중요한 것은 내적으로 확증된 신의 존재였으며, 의식의 내면적 증거에 근거하여 이성적으로 합치된 종교였다. 더욱이 이러한 종교관은 자연 선에 대한 형이상학을 통한 교육론을 확정 짓는 좋은 도구였다.[13]

루소는 인간은 능동적이고 자유로운 존재라고 확신한다. 그러나 그렇다고 해서 인간의 자유 의지는 결국 신이 인간으로 악을 행하고 그것을 남용하도록 하기 위해서가 아님을 분명히 한다.

> 신은 인간 자신이 알아서 악을 행하지 말고 선을 행하게 하려고 인간을 자유로운 존재로 만들어 놓았네.

그러므로 인간을 불행하고 악하게 만드는 것은 우리의 능력과 남용 때문이다.[14] 루소는 분명히 인간의 문명에 대한 폐해를 경험하고 나서 그것이 갖는 병적 근원을 뼈저리게 느꼈다. 그는 그것으로 인해 인간에게 있어 너무 서두르는 교육이 인간을 도덕적으로 황폐하게 하고 소외로 이끈다는 사실을 잘 알고 있었다.[15] 앞에서 말한 것처럼 인간은 선한 본성을 타고났다고 볼 때, 그것을 남용하지 않고 잘 활용하는 자유로운 존재가 되어야 하는데 그렇지 못하다는 사실이다.

루소의 교육론은 자연주의적이고 도덕주의적인 데에 뿌리를 내리고 있다. 그의 도덕주의는 합법칙적인 원리에 있지 않고 도덕적인 감정과 동기가 무엇인가에 있다. 그러므로 도덕적 세계 질서는 인간의 원초적인 도덕적 감정에 기초해야 한다. 그러기 위해서는 단순한 자기 사랑이 이기적인 사랑에 머무는 것이 아니라 타자와의 관계에까지 확대되어 인간의 행위를 이끄는 동기가 되어야 한다. 그리고 이러한 이기적 사랑과 자기 연민, 혹은 자기 보존을 위한 삶을 넘어 성찰 능력과 양심을 형성하는 데까지 나아가 자기 사랑과 도덕성이 일치되는 성숙한 교육이 선행되어야 한다.[16]

그러한 도덕성과 인간 본성, 그리고 양심에 대한 교육 철학적 견해는 루소의 다음과 같은 말에서도 엿볼 수 있다.

> 정신의 밑바닥에는 정의와 미덕에 대한 선천적인 원리가 있으며, 우리는 우리 자신의 준칙과는 무관하게 그 원리에 근거하여 우리의 행동과 타인의 행동에 대해 좋은 것인지 아니면 나쁜 것인지를 판단하네. 내가 양심이라는 이름을 붙이는 것은 바로 그 원리라네.[17]

이 양심은 인간의 선한 본성이며, 영원한 하늘의 목소리이다. 양심은 인간으로 하여금 신을 닮게 해 주는 역할을 하며, 선과 악을 심판하는 마음이다.[18] 사실 루소는 이신론자로서 자연 종교 외에 어떠한 역사적 종교도 인정하지 않았다. 그러므로 그가 생각할 때, 물질세계는 외부에서 그것을 움직이는 어떤 의지 때문에 운동을 한다. 그 운동의 법칙성으로부터 어떤 지성적 존재, 즉 하나님이 드러난다. 그뿐만 아니라 위에서 말한 바와 같이 루소는 세계 곳곳에서 신을 느끼는 것과 마찬가지로 자신의 내면에서도 신을 느낀다고 여겼다.[19]

인간의 규범은 멀리 있는 것이 아니라 내면에 있는 것이다. 자연인은 결코 초월적인 존재가 아니라 진실한 존재, 자기 그대로 있기만 하면 되는 존재이다. 이렇게 자기 자신으로 투명한 존재는 과거의 신이 인간을 내려다보는 시선 속에서 소박하게 살았던 사람들이다. 따라서 새로운 투명성, 인간의 순수성은 자기 자신을 왜곡된 시선이나 강제된 시선으로 바라보는 것이 아니라 투명한 시선으로 바라볼 때 생긴다. 그러므로 인간은 지금까지의 망각과 베일에서 벗어나야 한다.[20]

그렇지만 루소에게 있어 그리스도는 중개자가 아니다.

> 소크라테스의 삶과 죽음은 현자의 삶과 죽음이지만, 예수의 삶과 죽음은 신의 삶과 죽음이다.[21]

그리스도는 분명히 소크라테스(Socrates)보다 위대한 인물이지만, 그 이유는 그가 반드시 신이기 때문이 아니라 가장 용기 있는 인간이기 때문이다. 루소가 말한 바와 같이 그리스도의 죽음은 의인의 죽음의 원형이었다. 또한 소크라테스의 죽음은 고독하지 않았지만, 그리스도는 고독했기 때문에 위대하다. 루소가 그리스도의 죽음을 위대하게 묘사했던 이유는 바로 투명성 때문이다. 고독한 인간의 의식이 그리스도의 신성한 행동을 통해서 진리의 원천이 된다. 그는 인간의 의식의 원천이 되며 동시에 본원적인 빛의 증언자가 된다.

따라서 인간은 그리스도처럼 자기 자신을 찾아야 하고 자신에게서 원천을 발견할 수 있다. 의식의 목소리를 들을 수 있으며, 자신의 마음을 고양할 뿐만 아니라 타락한 선한 마음을 일깨울 수 있을 것이다. 결국, 그리스도는 자연인의 전형이 되며 투명성을 통해서 본래 인간으로 향할 길을 열어준 인물이라고 볼 수 있다. 루소가 그리스도를 예찬한 이유는 그가 바로 인류의 교육자, 자연 교육의 모델이 된다는 확신이 있었기 때문일 것이다.[22]

교육과 철학을 구분한다면, 교육은 실천(praxis)에 초점이 맞춰져 있고, 철학은 관조(theoria)에 초점이 맞춰져 있다고 볼 수 있다. 그러나 두 영역이 완전히 무관하지는 않다. 왜냐하면 철학이 교육에 대한 탐구를 가능케 한다면, 교육은 철학으로부터 교육 활동의 정신과 지향점을 가져와야 하기 때문이다.[23] 무엇보다도 루소의 교육 철학은 인간이 선하지 않으나 선하게 되기 위해서 교육이 필요하다는 입장이다. 창조주로부터 인간이 나와서 인간은 선하지만, 인간의 손에 의해서, 인위에 의해서 인간의 본성이 망가졌다.[24]

따라서 그의 교육관에 있어서 타락하지 않은 인간의 순수한 상태를 어떻게 유지할 수 있는가가 관건이었다. 전통적으로 인간 교육의 목적을 직업을 갖는 것에 두었다면, 루소 교육의 최고 이상은 "인간이 되는 것"에 있었다. 좋은 교육이란 어떤 특별한 사회적 조건 속에서 양육하느냐에 달려있지 않으며, 좋은 교육의 목적은 자유로운 인간, 모든 조건에

부합하는 인간과 시민을 육성하는 것이었다.[25]

루소의 자연주의 철학과 교육론은 후대의 철학자들에게도 매우 큰 영향을 끼쳤다. 루소의 『에밀』에 대해서 호평을 아끼지 않았던 칸트도 자연과 문명(사회)의 관계를 양립시켜야 한다고 생각하였고, 그렇게 되기 위해서는 종교 교육이 필수적이라고 주장하였다. 다만 그는 루소처럼 어린아이에게 종교를 강요하는 것이 아니라 종교를 그들의 도덕적 의식에 직접 연결하는 쪽으로 가닥을 잡는다.

페스탈로찌(Johann Pestalozzi)의 낭만주의 교육 철학도 바로 루소의 영향이라고 말할 수 있겠다.[26] 루소를 간단하게 평가한다면 다음과 같이 말할 수 있다. 하나는 인간의 본성에 대한 새로운 인식이다.

> 루소는 자신의 사회사상에서 세계와 있는 그대로의 인간을 맞세울 필요가 있다는 점을 의식하고 있으며, 이와 같은 그의 생각이 목표로 삼는 것은 무엇보다도 즉각적인 것의 절대적인 힘을, 다시 말하면 지속하는 시간이 전혀 영향을 미치지 못하는 가치의 세상을 세우거나 복구하려는 것이다.[27]

또 한 가지는 자연 개념에 대한 새로운 해석이다. 18세기의 기계적 자연의 개념으로부터 탈피하여 죽어 있는 자연을 생생한 자연으로 살려낸 것은 루소의 공헌이라 할 수 있겠다. 더 나아가서 그의 자연 개념은 교육의 개념이기도 하지만 그것은 동시에 정치적인 개념이다. 루소는 이러한 자연 개념을 통해 문명 상태, 즉 사회적 강제로부터 자연 상태로의 전환을 꾀함으로써 인위적인 사회 제도, 즉 이기적이고 파당적인 제도

로부터 해방되어 인간의 본성에 부합된 삶으로 유도하려고 했다는 점에서 긍정적인 평가를 받아야 한다.[28]

정리하면 루소의 교육적 이상은 밀턴보다 더 개방적이었다. 루소의 교육 사상은 도덕적 교훈에 중점을 두지 않았고, 루소 자신이 일반 철학을 통해서 그 시대의 귀족주의 정신에 반감을 불러일으켰기 때문에 회의적으로 받아들여졌다. 웨슬리는 루소의 책 『에밀』을 읽고 검토하기도 했다. 그러나 웨슬리는 루소의 교육 사상이 지나치게 개방적이기 때문에 수용하지는 않았다. 분명한 것은 루소의 교육 사상이 웨슬리에게 수용되지는 않았지만, 당시의 정신 세계에 영향을 끼친 철학적 사조 중의 하나였다는 것이다.

2. 엄격함이 큰 사람을 만든다 – 로크

웨슬리는 어린 시절 엄격한 교육을 받았다. 어머니 수산나의 교육은 엄격한 교육을 표방하는 존 로크(John Locke)의 영향을 받은 것으로 보인다. 이런 점에서, 아이들에 대한 교육은 엄격함을 가져야 한다는 로크의 사상이 웨슬리의 교육 사상에 적용된 것 같다. 로크는 18세기 영국의 교육 이론을 정립하는 데 가장 지대한 공을 세운 사람으로서, 그의 교육 사상은 '교육은 규율이다'라는 슬로건으로 축약될 수 있다. 즉 그는 아주 엄격한 규율 아래에서 아이들을 양육할 것을 권고했다. 웨슬리 역시 로크의 영향을 받아 교육은 아주 엄격한 통제 아래에서 아이들을 교육해야 한다는 태도를 지지했다.

웨슬리의 교육 중에서 '의지를 깨뜨리는 것'은 로크의 영향을 받은 그의 어머니 수산나의 가르침으로서, 웨슬리가 어릴 때부터 가정에서 경험한 것이었다. 수산나는 자녀들의 의지를 꺾고 부모에게 순종하도록 가르쳤다. 웨슬리는 부패하고 잘못된 인간 본성에 의한 악한 의지는 오직 교육으로 바로잡을 수 있다고 생각했다. 웨슬리의 '가정종교에 관하여'라는 설교에서 로크의 영향이 보인다.[29]

영국의 경험주의 철학은 로크로부터 시작되었다고 해도 과언은 아닐 것이다. 왜냐하면 로크는 경험과 지식의 관계에서 모든 지식은 경험에 기초하고 있고 또 경험으로부터 나온다고 명시적으로 말하고 있기 때문이다. 즉 우리의 오감적인 경험을 통하여 지식이 생긴다는 것인데, 하나는 외적, 감각적 대상들과 관련되는 감각(sensation)이고, 다른 하나는 인간의 마음 안에서 작용하는 내감, 즉 반성(reflection)이라고 볼 수 있다. 이런 의미에서 로크가 경험이 지식의 기초가 된다고 말한 의미는 감각과 반성이 인간의 지식이 된다는 것이다.

로크에 의하면 인간의 마음은 백지상태(*tabula rasa*)에 있는데, 후천적인 감각과 반성 때문에 관념이 채워지게 되면 그것이 결국 지식된다고 주장한다. 로크는 다시 이 관념을 단순관념과 복합관념으로 나누는데, 단순관념은 경험에서 만들어내는 단순한(simple) 것들이고, 복합관념은 마음의 확대, 복합, 추상 적용 때문에 재생산되는 복합적인 것들(complex)이다.[30] 나중에 이것은 윤리적 감각을 통하여 하나님이 인간과 세계를 창조하셨다는 것을 유추, 추론할 수 있다는 데까지 나아간다.[31]

여기서 더 나아가 존 로크는 이것을 대상 세계에 대한 인식론으로 확장한다. 로크는 대상에 대한 인식, 즉 대상에 대한 우리의 믿음이 어떻게 정당화될 수 있는가를 묻는다. 입자설과 신학을 연관 지으려는 피에르 가상디(Pierre Gassendi)는 세계나 우주의 영구적이고 불변적인 실체를 입자로 보았다.

하지만 로크에 따르면 우리의 시지각이나 외부 세계의 접촉 때문에 눈에 보이지 않는 입자들이 물리적인 자극을 받아서 신경을 통하여 두뇌로 전달되는 것이 감각이다. 이렇게 외부적으로 자극을 받아서 경험하게 되는 과정까지는 기계적이지만, 반면에 마음속에서 일어는 사건은 비물리적 사건으로서 '감각관념'(idea of sensation)이다. 따라서 우리의 관념이라는 것은 외부의 대상들 자체가 아니라 마음속에서 일어나는 것이다.

이것을 이른바 표상적 실재론(representative realism) 혹은 인과적 실재론(casual realism)이라고 부른다.[32] 표상적 실재론은 다시 그 유명한 제1성질(primary quality)과 제2성질(secondary quality)로 나누어진다. 제1성질은 연장, 형상, 견고성, 개수, 운동, 정치처럼 사물 자체가 가지는 고유한 성질을, 제2성질은 색, 맛, 냄새, 온도 등과 같이 환경에 따라 달라지는 것을 말한다. 그는 여기서 말하는 제2성질을 '힘'이라고 달리 표현하였다. 그러면서 다시 이 힘을 변화시킬 수 있는 능동적 힘과 변화를 받을 수 있는 수동적 힘으로 구분한다. 로크는 능동적 힘이 정신적, 본질적 특성임을 분명히 하였다.

그렇다면 정신이 능동적 힘을 가지고 있다는 것은 무엇을 뜻하는 것일까?

물체에는 어떠한 능동적인 힘이 없다. 그래서 물체가 운동할 때는 그것을 움직이게 하는 어떤 다른 주체가 있다는 것을 상정한다. 이렇게 능동적인 힘과 수동적인 힘을 구분하는 것은, 물질의 창조주인 신은 모든 수동적인 힘의 상위에 있으므로 물질에는 전적으로 능동적인 힘이 모자란다는 것이다. 로크가 말하고자 하는 것은 운동을 일으키는 능동적인 힘은 정신이나 신에게는 있지만, 물체에는 없다는 것이다.[33]

로크는 이러한 대상과의 관계 속에서 인간의 이성이라고 하는 것, 즉 자아라고 하는 것을 자명한 실체로서 인식한다. 그리고 이 자아와 관련하여 영혼불멸, 사후존재, 윤회 같은 종교적인 문제, 형벌, 책임, 의무, 권리 같은 법적인 문제를 위해서는 반드시 실천적인 "인격의 동일성"이 해명되어야만 한다. 그에 의하면 인격이란 "이성과 반성을 하고 자신을 자신으로 여길 수 있는 사유하는 지적 존재"이다. 이성과 반성하는 능력은 데카르트에게서도 같은 맥락을 가지고 있다. 다만 데카르트에게 있어서 자아는 추상적 존재지만, 로크에게 있어 인격은 두뇌의 문제로 인해 기억이 상실될 수도 있고 지은 죄로 인해서 형벌을 받을 수 있는 구체적 존재이다. 이러한 인격은 1인칭, 곧 나에게만 해당하는 것이 아니라 너 그리고 그/그녀에게까지 확장이 된다. 다시 말해서 인격은 객관적 존재이다.

이렇게 인격이 객관적 존재가 될 수 있는 것은 무엇 때문일까?

그것은 인간이 가진 "의식"(consciousness) 때문이다. 시공간이 바뀌고 변화가 생겨도 내가 여전히 나일 수 있고, 인격의 동일성이 유지될 수 있는 이유는 의식이 있기 때문이다.[34]

그렇다고 해서 같은 인격(the same person)과 같은 인간(the same man)이 같다는 것이 아니다. 로크에 의하면 이 둘은 다르기 때문이다. 동일한 인간이라 하더라도 동물적 삶을 지속하는 인간은 신체에 지나지 않는다. 따라서 동일한 인격이라고 해서 동일한 인간인 것은 아니다. 동일한 인격은 비물질적, 정신적 실체, 즉 영혼에서 찾아져야 한다는 것이 그의 지론이다.

결론적으로 말하면 로크의 인격의 동일성은 신체의 동일성도 영혼의 동일성도 아니다. 격의 동일성을 가지려면 반드시 인격이 법적, 도덕적, 책임의 주체라는 것이 확실해져야 한다. 인간이라면 당연히 법을 알고 행복과 불행을 구별할 줄 아는 주체여야 한다.

인간이라면 과거의 행위에 대해서 반성할 줄 알고 미래와 연관성 속에서 의식의 통일을 이루어야 한다. 과거와 현재, 미래에 대해서 책임을 질 수 있는 존재는 그 시간을 연결해줄 수 있는 의식의 통일이 전제되어야 한다. 여기에는 기억이라는 매개체에 의해서 인격의 동일성 혹은 의식의 통일성이 유지될 수가 있다.[35]

경험주의 철학자 존 로크는 비록 청교도는 아니었지만, 그리스도인으로 사는 삶을 완전히 거부한 것은 아니었다. 그도 그럴 것이 그는 어떠한 광신적이고 교리주의적인 종교적 관념을 혐오한 반면에, 종교적 신앙에 대해서는 철저하게 신중하고 분석적인 태도를 견지하였다. 복음서와 예수 그리스도, 그리고 메시아사상에 대한 그에 견해에서 이러한 그의 신앙관을 엿볼 수가 있다.

더 나아가 최상의 존재이자 최고선의 존재인 하나님에 대한 관념은 도덕 과학의 영역에서 다루어질 수 있으며, 그것은 인간의 지성과 합리성에 의한 관념에서 성립한다.[36] 이러한 신앙 인식론은 그의 철학적 입장에서도 확연하게 드러난다.

로크는 인간의 인식이 자신의 사유, 즉 사유 주체의 자율적 활동을 통하여 실현될 수 있다고 주장한다. 사유 주체인 인간은 자신의 사유 능력에 의해서 관찰하고 파악하여 참된 인식에 도달한다.

그러므로 그는 인간이 단순히 타고날 때부터 선천적인 인식의 능력, 정신의 능력을 부여받았다는 입장에 반대한다. 그는 오히려 인간의 사유 능력 안에 이성, 의지, 상상력과 더 나아가 감각의 느낌까지 포함한다. 그래서 그는 인간이 경험적 감각을 통하여 성찰이 가능하다는 것과 모든 인식의 질료는 감각과 성찰에서 비롯된다는 것을 논증하려고 하였다.[37]

이러한 경험주의 철학에 영향을 준 철학자는 신에피쿠로스주의자라 불린 가상디이다. 그는 인식론의 차원에서 근대적 경험주의의 기초를 놓은 인물이라고 볼 수 있다. 가상디는 고대 그리스의 원자론을 도입하면서 다음과 같이 말한다.

> 외적 사물이 직접 마음에 모사되는 것이 아니라 작은 원자들(Idole)이 그 물체에서 떨어져 나와 감각 기관에 도달하여 감각 조건에 따라서, 예컨대 빛의 성질에 따라서 여러 방식을 그 기관을 촉발하게 된다.[38]

그러나 여기서 가상디의 경험론과 로크의 경험론을 구별할 필요가 있다. 가상디의 경험주의는 지식 경험주의이고, 로크의 경험주의는 관념 경험주의이다. 전자는 모든 명제적 지식이 경험적이므로 궁극적으로 감각적 지식에 근거를 둔다. 이에 반해 후자는 지식이 아니라 이 지식의 재료가 되는 관념이 경험으로부터 파생된다.[39]

로크는 인간이 지닌 의지의 자유에 대해서는 어떻게 보고 있을까?

로크에 의하면 자유는 의지에 속하지 않는다.

> 의지는 선호, 지시, 선택, 명령을 포함하는 의욕적 기능이고 이 기능이란 다만 마음이 자기 생각을 결정하는 힘에 불과하다. 따라서 의지는 하나의 힘에 불과하게 된다. 자유도 행위자가 의지하는 바에 따라서 특정한 행위를 하거나 금하기 위해서 그가 가지고 있는 힘이다. 의지도 하나의 힘 또는 능력이고 자유도 하나의 힘이거나 능력이다.[40]

인간의 실제적인 힘의 작용이 의지이고 또한 자유도 인간의 행위를 결정짓는 힘이라는 것인데, 이는 곧 관계적인 측면에서 인간의 마음이 어떻게 작용하는가에 대한 규정이라고 볼 수 있다. 이러한 자유와 의지에 대한 철학적 사상이 나중에 존 웨슬리에게 영향을 주었는지는 정확하게 말할 수는 없으나, 그 당시 로크의 경험주의 철학의 논조를 웨슬리가 자신의 신학을 형성하는 데 중요한 기초로 사용했을 가능성은 전혀 배제할 수가 없다.

자유사상도 존 로크의 영향을 받았다는 것으로 보아 그러한 짐작을 할 수 있다. 그뿐만 아니라 웨슬리는 로크의 철학에서 말하는 감각에 신앙적 인식을 더하여 신앙이란 하나님을 경험하기 위해 하나님에 의해서 부여받은 추가적 감각이라고 주장하였다. 그 신앙이란 하나님의 사랑과 인간의 마음이 서로 의사소통하는 매개라는 것이다.[41]

여하튼 자유란 행위자의 의지에 따라서 행동할 수도 있고 행동하지 않을 수도 있는 마음의 힘에서 성립한다. 다시 말해서 행위 자체와 연관된 것이 아니라 행위가 있는가 없는가와만 관계를 하는 것이 자유이다. 분명히 로크는 자유 의지(free will)라고 하는 것도 이 힘에서 성립한다고 보았다.

다시 말해서 자유 의지는 기능적인 것이다. 할 수 있는가, 또는 할 수 없는가의 문제라는 것이다. 만일 잘할 수 있고 실수와 잘못을 범하지 않는다면 자유를 올바르게 사용한다고 말할 수 있다. 하지만 반대로 잘할 수 없고, 기능적으로 욕망을 제어하지 못하고 오류를 범하게 된다면 마음에서 비롯되는 자유는 잘못 사용하게 된다. 그렇다면 자유 의지를 가진 존재가 올바르게 자신의 의지를 사용하려면 마음에서 꿈틀대는 욕망의 대상을 성찰하고 숙고, 검토해야 한다. 그래야만 자유의 상태에 있을 수 있게 된다.[42]

자유 의지를 잘 사용하기 위해서는 행위가 결정되기 이전에 자신의 욕망과 그 대상에 대한 충분한 숙고가 필요하고, 그 대상과 목표에 있어서 선과 악에 대해 검토하고 판단할 기회를 가져야 한다. 하지만 신중한 판단으로부터 멀어질 경우에 인간은 비참한 노예 상태로 전락하고 만다. 자유 의지를 부여한 하나님은 결단코 나쁜 것을 선택하지 않는다. 그는 전능하므로 가장 좋은 것을 선택할 수밖에 없기 때문이다.

> 전능한 신조차도 행복이라는 필연성 아래에 존재한다.[43]

로크는 여기서 한 발짝 더 나아간다. 이른바 자유로운 행위자는 "이성"을 요구하고 있다는 것이다. 자유 의지를 가진 행위자는 이성의 안내를 받아서 의지를 실현한다. 즉 인간은 이성적 숙고 없이 자유를 행사할 수 없다고 하는 입장이다.

이를 통해서 알 수 있는 것은 로크 역시 잉글랜드 국교회의 성경, 전통, 이성이라는 신앙적 모토 속에서 자신의 철학을 개진하고 있다는 점이다. 아무리 성경과 전통 속에서 발화되고 결정된 신앙적 행위라도 이성이라는 잣대에 의해서 검증을 받거나 이해되어야 한다. 자유 의지가 한낱 기계적 이성과 감정을 일컫는 것이 아니라는 것을 분명히 한 것이다. 이것은 로크가 인간을 고유한 이성을 통해서 자신의 의지를 드러내고 행위를 할 수 있는 존재로 확신했다는 것을 말해주고 있다. 물론 철학적 입장에서 로크는 이성적이고 자유로운 행위자가 근대적 주체가 될 수 있다고 생각했을 것이다.[44]

로크에 따르면 신앙은 최고의 이성(reason, 理性)에 근거하지 않으면 안 된다.[45]

그렇다면 이 이성이란 어떤 것인가?

> 어느 경우에도 수단을 찾아내고 이것을 올바로 적용하고, 진정한 지식에서는 절대 확실성을 발견하며, 동의에서는 개연성을 발견하는 기능, 이것이 우리가 이성이라고 부르는 것이다.[46]

이성은 하나의 기능, 즉 수단과 절대적 확실성을 찾아내는 기능을 하는 것이라면 신앙도 그러한 이성에 의해서 어떤 절대적 확실성, 즉 이성적 신앙이 되어야만 한다. 17세기 영국의 상황에서 기독교의 하나님은 이성의 근거이자 척도였다. 왜냐하면 그 당시 광신주의는 이성을 포기하였고 끊임없이 투쟁과 갈등, 분열의 원인이 되었기 때문이다. 로크는 종교적 광신주의와 진정한 믿음을 가르고 구별하는 잣대는 이성에 도달하였는가에 달려 있다고 말한다.[47] 그래서 로크는 이성적 신앙을 주장했다.

무엇을 두고 종교적 광신주의라고 하는가?

종교적 광신주의는 진리에 대한 사랑이 아니라 다른 감정에 의해서 촉발된 것에 사로잡혀 있을 때 발생하게 된다. 그럼으로써 편견과 그릇된 판단력으로 타인에게 명령하는 권위를 주장하고, 타인에게 의견을 규정하는 월권을 행한다. 이것은 이성의 폭력이며 정신의 독재이다.[48]

이렇게 종교적 광신주의가 발생하는 이유는 도대체 무엇 때문인가?

계시는 쉬운 길이고 이성의 길은 어렵기 때문이다. 계시는 하나님으로부터 인간에게 직접 전달되는 것이지만 이성을 통한 엄격한 추론은 지루할 뿐만 아니라 언제나 성공을 보장받지 못하는 노동이기도 하다. 로크는 인간의 두뇌에 대한 자만심이 종교적 광신주의가 된다고 말한다.

> 나는 이런 것을 본디 광신이라고 한다. 이 광신이야말로 이성도, 신적 계시도 밑바탕으로 하지 않고, 우쭐한 두뇌 또는 잘난 체하는 두뇌의 자만심에서 생긴다.[49]

광신주의자들이 오류와 기만 등에서 벗어나려면 이성을 포기하지 않아야 한다. 신앙의 문제는 이성을 초월하기도 하지만 결코 이성과 모순되어서도 안 된다. 이성은 자신에게 불합리하게 보이는 것에 대해서 동의하기가 어렵다. 따라서 로크는 신앙을 이성화(a reasoned faith)해야 한다는 사명감이 있었다. 잉글랜드 국교회도 그러한 분위기였고, 18세기의 유럽 계몽주의로 가는 도상에 편승해 있는 로크의 견해도 그러했다.[50]

로크의 교육은 진보적이다. 학습자에게 어떤 일정한 틀을 씌우면 안 되고 오히려 그들이 스스로 발전하고 자기 생각을 펼쳐 나도록 도와주어야 한다고 주장했다. 또한 그는 학생들은 놀면서 배워야 한다는 이상적인 생각을 갖고 있었다.[51] 놀이의 수단으로서의 체력, 그 체력은 덕성을 함양하기 위해서 선행되어야 하는데, 이러한 것이 이성과 어떻게 조화를 이루어야 하는가를 로크는 다음과 같이 말하고 있다.

> 체력의 중요성은 주로 곤란을 견뎌 낼 수 있게 하는 데 있다. 정신력의 경우도 마찬가지다. 모든 덕성과 가치의 위대한 원칙과 기초는 자기 욕망이 이성이 지시하는 것과는 다른 방향으로 기우는 경우에 그 욕망을 거부하고, 때로는 자신의 천성의 경향까지 거역하면서 이성이 최선이라고 지시하는 바를 순순히 따르는 데 있다.[52]

로크는 이성을 인간의 최고 지성 기능이라고 보았다. 지성의 최고 기능인 추론은 이성에서 나온다. 그래서 어려서부터 이러한 이성을 잘 사용하는 실천과 습관이 중요하다고 생각했다. 인간은 그렇게 이성을 잘 사용할 수 있는 선천적인 능력과 기술, 기능을 가지고 태어난다. 그러한 것을 잘 연마하고 교육한다면 종국에는 인간의 완성을 가져오게 될 것이다.[53]

로크에게 있어 교육의 일차적인 목표는 윤리적 인간을 만드는 데 있다. 어린아이가 올바른 판단력과 예절을 지향하는 성품을 형성하도록 돕는 것이야말로 중요한 교육의 목표로 꼽았다.[54] 존 로크의 다음의 말은 그가 생각하고 있는 하나님에 대한 교육 관념을 단적으로 잘 보여준다.

> 덕성의 기초로서 아주 일찍부터 아이의 마음속에 하나님에 대한 올바른 관념을 심어주어야 한다. 즉, 하나님은 모든 선한 것의 기원이며, 우리를 사랑하고, 우리에게 모든 것을 베풀어 주는 독립적이고 절

대적인 존재이며, 만물의 창조주라는 올바른 관념을 아이들에게 심어줄 필요가 있다. 그리고 아이에게 이 절대자에 대한 사랑과 존경을 심어주어야 한다. … 아이에게는 기회 있을 때 하나님이 모든 것을 만드셨고 지배한다는 것, 모든 것을 보고 모든 것을 듣고 있다는 것, 그리고 하나님을 사랑하고 그에게 복종하는 사람들에게 행복을 준다는 것 정도만 이야기해 주도록 해야 한다. … 나는 어른들도 모두가 불가해하다고 인정하는 하나님의 관념에 대해 너무 꼬치꼬치 알려고 들지 말고 앞서 말한 정도의 하나님의 개념만 믿는 것이 낫다고 생각한다. 왜냐하면, 하나님의 불가해한 본성에 대해 이해할 수 있는 것과 이해할 수 없는 것을 구별할 지적 능력과 명석함이 없는 사람들은 미신이나 무신론에 빠져서 하나님을 자신들과 닮은 존재로 생각하거나 혹은 (자신들이 전혀 이해할 수 없다는 이유로) 전혀 존재하지 않는다고 생각하기 때문이다.[55]

이와 같이 올바른 하나님에 대한 관념을 심어주는 것 또한 로크가 지향하고 있는 윤리적 인간의 방편이라고 볼 수 있다. 성경이나 신에 대한 관념을 교육한다는 것은 도덕적 가치를 훈련시키는 것이다. 또한 그로 인해서 어린아이들이 스스로 책임을 의식하고 자기 판단력을 기를 수 있게 된다. 초월적 존재에 대해서 교육함으로써 그에 대한 사랑과 존경심을 배양하고 그들이 가지고 있는 소질과 능력을 고려하여 교양이 있는 존재로 성숙시키는 것이다.[56]

이러한 교육 철학적 바탕에 서 있는 어린아이 성경 교육에 대한 존 로크의 입장은 매우 단호하다.

성경에 관해서 이야기하겠다. 아이들의 독서력을 훈련시키고 그들의 재능을 증진시키기 위해서 보통 성경을 읽게 하는데, 나는 성경의 각 장(章)들을 무차별적으로 순서대로 읽히는 것은 아이들의 독서력을 기르는 데나 종교적 근본 신념을 확립하는 데 아무런 도움이 안 될 뿐만 아니라 최악의 수단이라고 생각한다.

아무것도 모르는 책을 조각조각 읽으면서 거기에서 무슨 즐거움이나 독서의 유인을 찾을 수 있겠는가?

… 나도 종교적 원리들이 그런 읽을거리, 즉 성경의 언어에서 비롯된다는 점은 인정하지만, 이들 중 어떤 것도 아이들이 숙지할 것을 요구하면 안 되고, 아이의 능력과 관념에 적합한 것들만 요구해야 한다. 그저 독서를 위해서 성경을 처음부터 끝까지 통째로 읽히는 것은 더더욱 바람직하지 않다. 한참 미숙한 나이에 그것이 무슨 뜻인지도 모르면서 신의 말씀이라고 무턱대고 성경을 읽어대면 아이 머릿속에 그 나이에 가져야 할 종교에 대한 생각들이 아예 없을 수도 있고, 완전히 뒤죽박죽될 수도 있다. 일부 사람들이 평생 종교에 대해 명확하고 뚜렷한 생각을 갖지 못하는 것도 바로 이런 이유 때문이 아닌가 생각된다.[57]

로크가 어린아이들의 교육을 위해서 성경 읽기를 강력하게 추천하였다는 사실은 잘 알려졌다. 자연의 법칙은 이성의 법칙이지만 동시에 이성이란 인간 안에 있는 하나님의 음성이나 다름이 없다. 하지만 어린아이들은 자신의 이성을 사용할 수 있을 때까지는 의무에 충실해야 하는데, 이는 도덕적인 존재가 되는 것은 곧 이성적인 존재가 되는 것이기 때문이다.[58] 로크를 이렇게 평가할 수가 있다.

> 그는 계몽주의자의 선구자이고 부르주아 철학의 화신이면서도 철저한 기독교 신자였고 로마로부터 내려오는 공공선과 의무의 덕을 강조한 도덕 사상가이기도 했다.[59]

로크의 종교적 신념에 대한 해석은 우도 틸(Udo Thiel)도 동일한 입장을 취한다.

> 로크에 따르면, 신에 대한 믿음 외에도 예수가 바로 구세주 메시아로서 신의 아들이라는 믿음이 성경의 본질이라고 한다.[60]

위에서 보는 바와 같이 그는 철저하게 기독교적 가치관과 교육 철학을 가지고 있었던 사람이다.

3. 코메니우스적 하이브리드 교육

웨슬리는 교육을 실행하는 데 있어서, 코메니우스의 교육 원리에서 착안하여 실용적이고, 실제적이며, 효과적인 교육 방법을 사용하게 되었다. 웨슬리에게 큰 영향을 끼쳤던 코메니우스의 교육 원리와 실물 교육 등에 대해서 살펴볼 것이다. 웨슬리는 종교와 교육은 서로 밀접한 관계를 맺고 있으며 서로 보완적인 관계가 유지되어야만 한다는 생각을

하고 있었다. 웨슬리의 이런 생각은 모라비안 교도들에게서 영향을 받은 것으로 보인다.[61]

웨슬리는 예나(Jena)와 헤른후트(Hernhut)의 모라비안 학교를 방문하며 실제로 수업에 참관한 적이 있었는데, 그곳에서 그는 종교가 교육의 목적 및 전반적 이해를 결정한다는 견해를 가진 코메니우스의 가르침이 적용되고 있다는 사실을 발견했다.

모라비안의 목사인 요한 아모스 코메니우스(Johane Amos Commenius)는 17세기 교육 철학자로서 현대 교육의 아버지이다. 그의 저술은 주로 교육 이론에 관한 것들이었고, 그의 교육 이론은 세속 교육은 물론 종교 교육에서도 하나의 고전으로 평가된다.

또한 코메니우스는 아동의 심리를 연구하여 그 현실적 필요성을 충족시키기 위한 교육을 해야 하며, 친절한 이해 위주의 교육을 중요시해야 하고, 학습은 연극과 놀이 등을 통해 흥미 있고 즐겁게 시행되어야 한다고 피력하고 있다. 그리고 전 교육 시간을 통하여 모든 교과목이 유기적으로 협조되어야 하며 교과 과정은 학생들의 필요와 능력에 적응되어야 하고, 특별한 기능만 개발시킬 것이 아니라 전 인격을 개발시키는 것이 제일 중요하다고 주장하였다.

코메니우스의 사상이 들어있는 대표적인 저서로는 『범교육학』(*Pampaedia*), 『대교수학』(*Didactica magna*)과 『분석교수학』(*The Analytical Didactic*) 등이 있다. 코메니우스는 인간을 신(神)의 가장 중요한 피조물로 이해했으며, 인간 최고의 경지를 이성, 덕성, 경건성을 갖춘 상태로 보았고 이것을 교육적인 인간상으로 강조했다. 코메니우스의 교육 목적은 모든 인간이 모든 사물에 대한 지식을 배우고, 덕성과 신앙의 훈련을 받게 하여 현세와 내세의 생활에 필요한 모든 것을 준비할 수 있도록 하는 데 있었다.

그래서 그의 교육 내용은 지식 교육, 도덕 교육, 신앙 교육으로 집약되며, 범교육은 이 세 가지가 통합과 조화를 이룰 때 가능해진다고 보았다. 교육 방법으로는 자연의 질서에 따르는 것을 강조했고, 분석적이며 종합적이고 혼합적인 방법을 강조했다. 코메니우스는 범학교론에서 인간의 삶은 모태에서부터 시작하여, 이 땅에 태어나 사망한 이후 내세로 이어지는 것으로 보았고, 인간의 일생을 발달 단계에 따라 여덟 단계로 분류했다.[62]

어머니의 육체 속에 잉태되는 태아기부터 시작하여 유아기, 아동기, 청소년기, 청년기, 장년기, 노년기, 사망기로 구분했다. 또한 각 단계별로 교육이 이루어지는 장을 모두 "학교"라고 표현했으며, 각 학교에서 다루어야 할 내용과 방법 등을 구체적으로 제시했다. 코메니우스가 구분하는 단계별 특징을 살펴보자.[63]

① 태아기 학교(Schola geniturae)는 태내에 있는 태아를 잘 돌보기 위해서 효과적인 교육을 하고, 이성적이며 명예롭고 경건한 부모의 결정에 따라 후손을 성심성의껏 돌본다.
② 유아기 학교(Schola infantiae)는 출생에서 6세까지의 인격 형성을 위한 정신 교육의 단계이며 관심과 세심한 배려가 요구되고, 어머니의 무릎에서 교육이 이루어지는 단계이다.
③ 소년기 학교(School of childhood)는 6세~12세까지 아동을 말하며, 지혜롭고 주의 깊은 지도가 필요한 학교로서, 마을마다 설립되는 학교이다. 어린아이들은 세계와 국가, 그리고 교회와 학교의 후계

자로서 진지하게 대우받아야만 한다. 이 학교는 어린아이들의 신체와 감각, 그리고 선천적인 정신 능력을 가동시키는 것이 궁극적인 목표이다.

④ 청소년기 학교(School of adolescence)는 언어, 예술, 문화, 학문, 덕성, 경건을 포함하는 성숙기의 학교로서 각 도시에 설립되는 학교이다. 청소년기 학교의 목표는 그들의 성장을 돕는 모든 요소의 감각을 통해 견고한 오성의 능력을 형성시켜 온전하고 명석하게 이용할 수 있게 만드는 데 있다.

⑤ 청년기 학교(School of youth)는 대학에 해당하는 청년 학교로서, 완전한 지혜의 달성을 목표로 한다. 청년 학교는 아카데미아, 아포데미아, 직업 선택 과정의 세 부분으로 구성된다.

⑥ 장년기 학교(Schola virilitatis)는 장년기에 속하는 사람들이 바르게 살아가는 법, 자신에게 귀속된 모든 것이 선한 결실을 볼 수 있게 하는 법, 그리고 삶의 실천과 생의 올바른 사용 방법을 가르치게 된다.

⑦ 노년기 학교(School of age)는 노년기 또한 생의 마지막 부분으로 영원한 아카데미에 들어가기 위한 예비학교이다. 그러므로 노인 스스로 훈육과 규율에 대해 복종하고, 규칙과 과제를 통해 변화되도록 교육받아야 한다.[64]

⑧ 사망기 학교(Schola moetis). 모든 사람은 본래부터 교육을 받아야 하며 교육 활동의 주체로 살아가게 되어 있다. 또한 한 개인의 전 생애는 생존을 위한 학교이기 때문에 모든 사람은 세상에 사는 동안 교육과 밀접한 관련성을 가진다. 이처럼 범교육 사상은 모든 사람에게 적용할 수 있는 보편적인 교육을 의미한다.

코메니우스의 교육은 인간의 본성적 죄를 제거하기 위한 수단이 아니라 도덕적 인간을 형성하기 위한 것이다. 배워야 할 질서 가운데 지식과 덕, 그리고 경건을 교육의 목적으로 삼았다. 코메니우스는 성경에 근거한 신학을 토대로 자신의 교육 사상을 체계적이며 조직적으로 정립했다.[65] 특별히 그의 교육 사상은 모든 사람이 모든 것을 배워야 하고, 이것을 위해 인생의 시작부터 끝까지 배워야 한다고 말한다.

모든 사람은 학교에 보내진 존재이고, 무엇보다도 인생 자체를 통해 끊임없이 배워야 한다. 현실을 살아가는 동안 인생은 배움의 인생이어야 한다고 보았다. 코메니우스에게 있어서 배움의 대상은 하나님과 세계, 그리고 정신에 대한 것이다.[66] 하나님께서 인간을 창조하시고 그들이 배워가는 과정에 있기를 원하셨지만, 죄로 인한 타락으로 인해 결국 하나님의 원래 의도를 벗어나 버린 인간의 삶과 교육은 무의미한 교육이 되었다.

그래서 코메니우스는 배움에 대한 본연적 의미의 회복과 구원을 위한 교육을 주장한다. 그럼으로써 교육받는 모든 학습자가 하나님 앞에서 하나님의 형상으로 변화되고 회복되어야 할 것을 강조한다. 이런 변화는 일반적이며 평면적인 변화가 아니라 입체적이고 통전적인 변화를 요청한다. 즉 모든 사람의 지성과 덕성, 경건성의 모든 요소들이 모든 수단을 통해서 통합적으로 변화되어야 함을 의미한다.

코메니우스는 지성과 덕성, 그리고 경건성 중에서 어느 한 부분만의 교육을 주장하지 않는다. 언제든지 이성적인 부분과 덕성적인 부분, 그리고 경건성의 부분이 모두 조화를 이루어야 한다고 말한다. 이것을 위해 코메니우스는 인생의 배움을 학교라는 틀을 통해 설명하거나 사계절에 비유하기도 하였다.

유년 시절은 아침이나 봄, 청소년기는 오전이나 여름, 성인은 오후나 가을, 노년기는 저녁이나 겨울에 비유했다.[67] 그리고 이 과정을 나이에 따라 7단계로 구분해서 한 단계씩 성장하고 지속적으로 자라야 한다고 말했다. 웨슬리는 코메니우스의 『과학의 방법』에 있는 교육 원리를 자기의 교육 원리에 적용했다. 코메니우스의 교육 원리들을 간단하게 살펴보자.

첫째, '알아야 할 것은 배워야 한다'는 것이다. 즉 그 상징과 형태를 통해서 아는 것이 아니라 어린아이들에게 직접 사물이나 생각을 알려줌으로 가능하다는 것이다.

웨슬리는 코메니우스의 이런 원리를 자기의 교육 원리에 적용했다.

> 어린아이들에게 "태양을 바라보라"라고 말하고, "나무와 꽃들을 살펴보라"고 하라. 그렇게 함으로써, 우리는 가능한 한 자연이란 위대한 책과 하늘과 땅, 참나무와 밤나무 등에서 많은 것들을 배울 수 있도록 해야 한다.

둘째, 어린아이들에 대한 애정과 이해, 그리고 중단 없는 관심이다. 다시 말해서, "어린아이들이 가진 생각을 주의 깊게 관찰한 후에 그들에게 말할 것을 접목하려 노력"하고, "어떤 문제를 이해할 때까지 우리는 그것을 포기해서는 안 된다"는 것이다.

웨슬리는 이상과 같은 원리들을 다음과 같이 적용했다.

특히 그들이 말한 것을 이해하지 못하든지 마음에 새기지 못했을 경우엔 단 한 줄도 말하거나 읽히지 말아야 한다. 그들에게 "이것이 무엇을 의미하는가?"라는 질문한 후에 그것을 다시 읽게 하라. 만일 가능하다면, 어린아이들이 그것을 깨우칠 때까지는 어느 하나도 놓치지 않게 될 것이다.[68]

이처럼 웨슬리는 코메니우스의 교육 원리를 자기의 교육 원리에 응용했다. 그리고 인생을 학교라는 틀에서 설명했던 코메니우스의 사상은 웨슬리에게 영향을 주어, 웨슬리는 교육의 대중화를 실천했다. 웨슬리에게 영향을 미친 코메니우스 교육의 유사성을 정리하겠다.

첫째, 코메니우스는 부자나 귀족의 자녀들만이 아니라 빈부귀천이나 남녀를 막론하고, 또한 도시, 지방, 촌락과 관계없이 모든 어린아이는 똑같이 교육받아야 한다고 주장하고 있는데 웨슬리도 이와 같은 교육철학을 갖고 있었다.

둘째, 코메니우스는 가르침이 일찍부터, 그리고 마음이 더럽혀지기 전에 시작되어야 하며 학습은 쉬운 것에서 시작하여 어려운 것으로 진행되어야 한다고 보고 있는데, 웨슬리도 같은 생각을 했다. 웨슬리는 어린 시절부터 아이를 가르치되, 할 수 있는 가장 쉬운 방법으로 가르치라고 주장한다. 이런 내용을 통해 알 수 있는 사실은 존 웨슬리는 코메니우스의 『대교수학』의 교육 원리를 자신의 교육 사상에 상당히 수용했고, 또 나름대로 독자적으로 자신의 교육 사상을 확립해 갔다는 것이다.

이상과 같이 웨슬리에게 영향을 미친 교육 사상가 3인에 대해서 살펴보았다.

루소는 학습자에게 있어서 교육이란 지식을 습득하게 하는 것이 목적이 아니라, "인간성의 회복"을 목표로 한다는 사상을 가지고 있었다. 이것은 학습자에 대한 웨슬리의 교육의 목적이 지식 교육을 목표로 하는 것이 아니라, 가능적 존재로서 하나님의 형상을 닮은 전인적 인간을 만드는 것에 목표를 두었다는 점에서 루소의 교육 사상으로부터 영향을 받았다고 볼 수 있다.

엄격한 규율 교육을 통해서 진정한 교육을 이룰 수 있다는 로크의 사상이 웨슬리의 교육 사상에 영향을 미친 것으로 보인다. 로크의 영향은 웨슬리의 어린 시절 교육을 담당했던 어머니 수산나에게 영향을 미쳤고, 이것은 웨슬리의 교육 사상에도 영향을 미쳤다.

또한 코메니우스의 실물 교육 방법론은 웨슬리의 실제적인 방법론에 영향을 주었다.

이처럼 킹스우드학교에서 펼쳐진 웨슬리의 교육 사상은 루소, 로크, 코메니우스로부터 영향을 받았다고 할 수 있다.

제4장 웨슬리의 킹스우드학교 이야기

앞에서 살펴보았듯이, 웨슬리는 당시 시대적인 교육의 과제와 문제를 직면함으로써 교육 개혁에 대한 의지를 다지게 되었다. 웨슬리는 자신의 교육 사상에 입각해서 직접 학교를 세워 당시 영국의 학교가 어떻게 개혁되어야 할지도 몸소 보여주려 했다. 즉 킹스우드학교는 웨슬리의 교육에 대한 실천의 장이었다.

본 장에서는 웨슬리가 왜 킹스우드학교를 설립했던가와 어떻게 학교를 운영했는지, 그리고 그의 교육 방법론은 무엇이었는지를 알아봄으로써 그가 어떻게 교육 개혁을 이루게 되었는지 고찰하고자 한다.

1. 왜 설립했을까?

웨슬리는 살던 시대인 18세기는 유럽에서 급격한 사회 구조의 변화와 사상적 변화가 맞물진 때이다. 당시 사회 계급은 귀족과 평민이라는 이

원적 구조였고, 이 구조를 지키려는 기득권층과 산업 혁명을 통해 새롭게 대두하는 계층 사이의 미묘한 충돌이 시작되고 있었다. 개인의 능력에 따라 대우받고자 하는 새로운 요구가 있었고, 합리주의와 계몽주의 사상이 대두하게 되었다. 기득권층은 하급 계층의 의식 구조 변화와 각성으로 인해 사회가 혼란해지는 것을 원하지 않았다.

당연히 기득권층은 교육의 대중화를 원치 않았으며, 교육이란 단지 귀족층의 자제들이 지배력을 대물림하기 위한 수단으로 여겼다. 이 시대는 철저한 교육 불평등의 시기였다. 이때 교육 대중화를 위해 헌신한 인물이 바로 웨슬리이다.

웨슬리는 올더스게이트(Aldersgate) 회심사건 이후, 선교와 교육이라는 두 가지 목표를 가지고, 전 생애를 바치기 시작했다. 웨슬리는 복음 전도를 목적으로 킹스우드의 빈민가 광부의 자녀들을 대상으로 학교를 세워 복음과 지식이라는 두 마리 토끼를 잡는 성공적인 교육 개혁을 할 수 있었다. 킹스우드학교가 개교하게 된 이유는 교육 불평등 속에서 허덕이고 있는 대중들을 깨우고 각성시키는 웨슬리의 교육 개혁 사상에 있다.

1) 설립과 그 목적

웨슬리는 배움을 포기할 수밖에 없는 가난한 어린아이들을 복음의 진리와 하나님의 뜻 안에서의 바른 생활로 인도하기 위하여, 기초적인 지식 가르치고 경건 훈련을 하고자 했다. 이런 웨슬리의 생각은 웨슬리가 킹스우드학교를 설립하는 전제가 되었다. 바꾸어 말하면, 웨슬리의 교육 개혁은 당시의 야만적이고 가혹한 교육 제도를 개선하려고 시도했고, 불신 교장들에 의한 불신앙적인 가르침에 대응하여 진정한 종교심에 입각한 교육 제도를 만들려는 시도했다. 1748년 웨슬리는 감리교 운동 보고서를 작성했는데, 이 보고서의 학교 관련 보고에는 다음과 같이 기록이 있다.

> 나를 자주 걱정스럽게 만드는 어떤 것이 있었다. 그것은 수많은 어린아이였다. 몇몇 어린아이들의 부모들은 자녀들을 학교에 보낼 형편이 못되었다. 그 때문에 이 어린아이들은 거친 나귀의 망아지들과 다름이 없었다. 다른 어린아이들은 학교에 가서 최소한의 읽고 쓰기를 배웠으나 동시에 그들은 가능한 모든 못된 짓들을 배웠다. 차라리 그처럼 비싼 대가를 지불하느니 배우지 않는 편이 훨씬 나을 뻔하였다. 결국 나는 이 어린아이들을 내 집에서 교육함을 통해, 그들이 읽기, 쓰기, 계산하기를 배울 뿐만 아니라 이교를 배우도록 하는 강요에서 벗어나도록 해야 하겠다고 결심했다.[1]

웨슬리는 1738년 조지아 선교에서 영국으로 돌아 온 후에, 이상적인 학교를 세우기 위하여 영국과 독일에 있는 유명한 학교들을 답사한 후에 그의 교육 사업을 시작하였는데, 킹스우드에는 광부들을 위한 학교를, 런던 파운더리(Foundery) 주변에는 영세민을 위한 학교를, 뉴캐슬에는 고아를 위한 학교를 설립했다.

그러나 1748년에 킹스우드의 뉴하우스(New House)에 세운 학교는 기독교 부설학교로 설립되어, 웨슬리는 거기서 교육의 이상을 실천하며 그 학교를 중심으로 감리교 교역자들을 훈련시키고 설교자들을 정예화

시키는 등 감리교 운동의 요람으로 만들어 갔다.[2]

존 웨슬리로부터 시작된 대중 교육은 18세기 영국의 부패한 사회 문화의 환경을 새롭게 하는 중요한 계기가 되었다. 웨슬리는 1739년에 킹스우드의 열악한 환경에 있는 광부들의 자녀들을 위하여 학교를 설립하기로 했다.

웨슬리는 친구인 조지 휫필드(George Whitefield)와 함께 그 뜻을 모았는데, 학교의 완공이 이루어지기 전에 휫필드는 미국으로 떠남으로써 웨슬리가 실제로 학교의 모든 운영을 맡게 된다. 존 웨슬리는 어려운 환경 속에서도 기부금을 모아서 1740년 킹스우드학교를 완공했다. 웨슬리는 민중의 교육을 위해서 킹스우드학교 설립을 자신의 신앙적인 사명으로 여기고 실천했는데, 킹스우드학교의 설립 목적에도 그런 의도가 분명하게 나타나 있다.

> 첫째는 어린아이의 영혼을 위한 일이었고, 둘째는 부자이든 가난한 사람이든지 누구에게나 학교 교육이 필수적으로 실행되어야 한다는 데 있었다.[3]

킹스우드학교로 시작된 웨슬리의 교육 실천은 모든 계층에 적용되었으며, 인간의 도덕성과 신앙을 일깨우며 인간 의식의 변화와 더불어 영성의 회복을 가져왔다. 웨슬리는 하나님을 거부하는 교육에 대해서는 강력하게 반대했다. 그러나 교육의 목적이 종교적인 것에만 국한된 것은 아니었다. 종교와 교육은 함께 가야 하고, 교육에서도 종교 교육과 일반 교육을 병행하였다. 웨슬리는 킹스우드학교를 세움으로 자신의 종교적인 사명을 실천으로 옮겼다.

2) 교육 환경

킹스우드학교의 지리적 위치는 교육 환경적으로 볼 때, 아주 훌륭했다. 왜냐하면 웨슬리가 학교의 교육 환경에 많은 관심이 있었기 때문이다. 웨슬리는 당시에 영국 학교의 교육 환경에 대해서 다음과 같이 기록했다.

> 대부분의 학교는 대도시의 중심지에 위치하고 있었다. 실제로 이 학교에 갈 때마다 불편함을 개선하기는 어려웠다. 학생들이 밖으로 나가면, 그들이 배운 것을 학습하고 실행하기에는 너무 바빴다. 그리고 아이들 주변에는 매일 만날 수 있는 다른 많은 아이가 있었기 때문에 학습이나 종교에서도 도움을 받으리라고 기대하기 어려웠다. '학습도 종교도 아니다'라고 말하는 이유는 우리가 종교를 갖게 된다면 아이들에게 요구하는 것들이 많아지기 때문이다. 대도시 속에서 아이들이 엉켜서 뒤죽박죽 대화한다면 그들은 이런 것을 원치 않을 것이다.[4]

웨슬리는 앞서 언급한 내용을 충분히 고려하면서 킹스우드학교의 교육 환경들을 이루어가기 시작했다. 무엇보다도 문제가 된 것은 지역 환경의 문제였다. 웨슬리는 이미 학교가 설립된 킹스우드에 대하여 다음과 같이 말했다.

> 킹스우드는 이제 1년 전의 상스럽고 불경스런 것들로 인한 떠들썩한 장소가 아니라고 당당하게 말할 수 있다. 이곳은 더는 음주와 불결함 그리고 지금까지 당연하게 행해 왔던 나태한 유흥들로 가득 차 있지 않다. 사실상, 숲 전체를 요란하게 했던 소란과 소음들은 이제 조용해졌고, 일상에서는 저녁 시간에 모여서 구원자이신 하나님을 찬양할 때를 제외하면 어떤 소음도 들리지 않는다.[5]

그런데도 웨슬리는 올바르고 바람직한 학교가 되기 위해서 악영향을 미칠 가능성이 있는 곳으로부터 떨어져 있어야만 한다고 굳게 믿었다. 그러나 학생들이 찾아오기에 불가능한 외진 곳에 학교를 세운다는 것은 그의 목적을 무산시킬 우려가 있었다. 그는 심사숙고한 끝에 학교를 킹스우드의 중간 부분에 세우기로 했다.[6] 이러한 웨슬리의 결정은 『킹스우드의 역사』(*The History of Kingswood Forest*)의 저자 브레인(A. Braine)으로부터 인정받기도 했다.

2. 학교 운영 방법과 교육 방법론

웨슬리의 교육 개혁과 실천의 장이라고 할 수 있는 킹스우드학교에서는 그의 교육 사상과 방법론이 그대로 적용되었다고 볼 수 있다. 그렇다면 웨슬리가 학교를 어떻게 운영했으며, 어떤 방법으로 가르쳤는지에 대해 고찰하는 것은 웨슬리의 교육 연구에서 가장 핵심적인 부분이 될 수 있을 것이다.

1) 학교의 교육 목적

킹스우드학교의 규율은 현대의 교육 이론에 비교해보면 잘못되었다고 말할 수 있을 정도로 엄격함이 강조되었으나, 웨슬리가 이 규율을 통해 근면, 경건, 훈련이라는 그의 종교적 이상을 교육 사업을 통해 실현하고자 했음을 확인할 수 있다.[7] 웨슬리가 세운 킹스우드의 학교들이 위기에 처해 있을 때 그는 일기에서 다음과 말했다.

> **나는 죽이든지 아니면 치유하든지 할 것이다. 나는 이것이냐 저것이냐 양자택일할 것이다. 기독교적인 학교가 아니라면 아주 없애고 싶다.**

이것을 통해 알 수 있는 것은, 웨슬리에게 있어서 모든 교육에서의 기독교적인 기본 모습은 결코 포기될 수 없다는 것이다. 그 이유는 어린아이를 포함하여 모든 사람이 예수 그리스도의 공로를 힘입어 죄 사함을 받는다 하여도 이 땅에서 살아가는 동안 죄성에 노출돼 있으므로, 하나님의 지속적인 은총의 활동, 즉 경건 훈련을 통해서 선한 성향을 지속적으로 기를 필요가 있었기 때문이다.[8]

웨슬리는 "잘못된 본성은 악한 길로 가게 되는데, 교육은 그 길을 바로잡을 수 있도록 계획되어야 한다"[9]라고 말했다. 웨슬리에게 교육은 영혼 치유의 가장 강력한 수단이었던 것이다. 즉, 각 개인을 '그리스도의 성품'[10]으로 변화시키는 것이다. 이런 면에서 킹스우드학교는 모든 노력과 활동에서 인간의 신앙적인 성숙과 성장을 기대하는 신앙 교육에 중점을 두었다고 할 수 있다.

신앙 교육은 바로 인간이 중심이 아니라 하나님 중심이어야 한다. 또한 교육은 하나님과 함께 시작하며 하나님의 인도 아래서 수행되어야 한다.[11] 웨슬리는 바로 18세기 영국 사회에 있어 가난한 무산 계급의 노동자 자녀들을 구원하기 위하여 신앙 교육으로 그 목적을 실천한 것이다.

 2) 학교의 교육 과정

킹스우드의 학교의 커리큘럼은 일반 교육과 종교 교육을 함께 제공하는데, 킹스우드학교에서 빼놓을 수 없는 것이 바로 신앙 교육이다. 웨슬리는 일상적인 시간에는 '읽고 쓰고 셈하는 것'을 가르쳤지만, 특별히 하나님의 도우심을 위해 하나님과 그의 보내신 예수 그리스도에 관하여 가르쳤다. 그러나 웨슬리가 학교의 존재 목적을 종교적인 것으로만 국한한다면 학교 교육 과정을 적용하는 문제들에서는 더는 실질적이지 못했을지도 모른다.[12]

킹스우드학교에서 가장 중요하게 여겼던 과목은 바로 어학이다. 라틴어, 히브리어, 그리스어, 프랑스어 등을 커리큘럼에 포함했다. 2학년에는 원시 기독교의 사상을 담고 있는 훌러리 책을 공부했고, 3학년에는 초기 그리스도인들에 대한 박해를 다룬 케이브 책을 깊이 연구했다. 4학년에서는 존 번연(John Bunyan)이 쓴 『천로역정』(The Pilgrim's Progress)을 읽음으로써 청교도적인 신앙 정신을 가르쳤다.

이런 책들을 통해서 학교의 커리큘럼은 개인적인 신앙 생활로부터 점차 공동체적 신앙 생활로 나아갈 수 있도록 교과의 내용을 심화시켰다. 웨슬리는 자신이 만든 교재 "기독교 문고"에서 이 두 가지 신앙의 표준을 기술적으로 상호 연결하는 작업을 했다. 또한 웨슬리는 학생들에게 토마스 아 켐피스의 『그리스도를 본받아』(The Imitation of Christ)라는 책도 읽게 했다.[13]

5학년들은 존 번연이 쓴 『천로역정』을 모두 읽은 후에 계속해서 토마스 할리바튼(Thomas Halibarton)의 전기를 읽게 했다. 6학년은 규범적 그리스도인들의 생활 모범을 배울 수 있도록 마르퀴스 개스통(Marquis Gaston)의 전기를 읽도록 했다. 또 6학년에서는 기독교 고대 성자들의 생애에 관하여 읽고 비교하도록 했다. 마지막 학년이 읽어야 할 책은 윌리엄 로(William Law)의 『그리스도인의 완전』(Christian Perfection)이었다.

존 웨슬리는 학생들에게 고전을 많이 읽혔고, 동시에 성경을 많이 읽도록 했는데, 성경은 순서에 따라 읽도록 했다. 그러나 성경을 읽을 때는, 특별히 요한계시록의 경우에는 7학년이 되기 이전에는 읽지 못하도록 했다. 8학년에서는 복음서와 창세기를 가르쳤고, 공립 학교와 마찬가지로 신앙 훈련 이외에도 일반 과목인 수학, 지리, 전기학 등을 가르쳤으며, 문학은 중세의 전통들과 논리학, 음악, 수사학 등을 포함해 가르쳤다.[14]

웨슬리의 교육 과정은 웨슬리의 교육 사상이 그대로 실천되고 적용되었다고 볼 수 있다. 웨슬리는 어려서부터 가정의 엄격한 규율과 규칙에 입각한 교육을 통해서 철저한 학습 일과를 세웠고, 어머니 수산나에 의해서 신앙 교육과 일반 교육이 겸비된 전인적 교육을 받았다. 이렇게 체득된 웨슬리만의 학습 방법은 킹스우드학교에서도 그대로 나타나고 있음을 볼 수 있다.

또한 로크의 경험 교육은 어머니 수산나에게 영향을 미쳤고, 그 교육 방법은 수산나의 교육을 통해 웨슬리에게 그대로 전이된 것으로 보인다. 킹스우드를 설립하기 전 예나학교 등 모라비안 학교들을 탐방하고 연구한 웨슬리는 코메니우스의 영향을 받아, 실물 교육을 채택한 교육 방법론을 세웠다.

또한 웨슬리는 코메니우스의 교육 사상, 즉 모든 사람은 나이와 상관없이 전 인생에 걸쳐 교육받아야 한다는 범학교론에서 적용하여 아이나 청소년만이 아니라 성인들까지 교육을 받아 무지에서 해방하는 교육 개혁을 단행하였으며, 이것이 킹스우드학교의 운영에도 나타나고 있음을 알 수 있다.

3) 학교의 교육 일정과 일과

킹스우드학교에서의 공동생활은 가정집과 같은 규칙에 따라 운영하였다. 학교 공동체에서 교사는 늘 학생들을 감독하고 지도했는데, 교사들은 "그리스도 안에서 아버지" 정도의 권위가 부여되었고, 학생들은 교사들에게 항상 정중하게 대해야 했다.[15] 다음은 공동생활을 중심으로 짜인 킹스우드학교의 하루 학업 일정이다.

평일 학업 일정

시간	내용
새벽 4시	기상하여 개인 독서, 찬송을 부름 나이 든 소년들은 명상과 기도 허용

시간	내용
오전 5시 ~ 6시	정원에서 일을 하거나 산보, 노래 연습을 함 아침 식사를 마침
오전 7시 ~ 9시	학교 수업은 7시에 시작되고 9시까지 어학을 배움
오전 9시 ~ 11시	쓰기와 산수와 그 외의 다른 과목들을 배움
오전 11시 ~ 12시	체육 활동
오후 1시 ~ 5시	학교 공부
오후 5시	개인 기도
오후 6시	저녁 식사 때까지 산책과 노동
저녁 7시	공동 예배
저녁 8시	어린 학생들부터 취침을 함

주일 일정

시간	내용
오전 6시	아침 식사
오전 7시 ~ 9시	찬송가와 시를 배움
오전 9시	예배
정오 12시	오찬
오후 2시	예배
오후 4시	인성 교육

　존 웨슬리는 위의 학업 일정과 함께 6가지의 규율을 세워 학교의 일과를 지도하였다. 이 규율들은 앞에서 소개한 스케줄들을 세밀하게 설명하고 있다. 이 규율들은 엄격하고 거의 전제적인 종교 훈련을 요구했고

교사에 의한 육체적인 통제를 이루었다.

이 엄격한 6가지 규율은 다음과 같다.

첫째, 아이들이 겨울과 여름에는 오전 4시에 기상하고 5시까지는 개인 시간을 가진다. 어떤 학생들은 독서를 하기도 하고, 노래도 부르며, 일부는 자기 자신의 훈련이나 묵상, 그리고 기도를 하기도 한다. 처음에 짧은 기도문을 외웠고 그다음은 개인 기도를 한다.

둘째, 개인적으로 명상 시간을 가진 후에 모든 학생은 오전 6시에서부터 아침 식사 전까지 공동 예배를 드려야만 한다. 이것은 변하지 않는 규율이었다.

셋째, 일과 시간에 대한 것이고, 한 주 동안에 나오는 식단에 관한 것이다. 매일매일의 식단을 정해 놓았으며, 그것은 다음과 같다.

하루 식단

시간	메뉴
아침	우유 & 오코밀 죽, 물 & 오코밀 죽(번갈아서)
점심	빵과 치즈 & 우유(번갈아서)
저녁	일요일은 구운 쇠고기

일주일 식단

요일	내용
월요일	다진 고기 & 사과를 넣은 찐만두
화요일	구운 양고기

수요일	야채 & 고기만두
목요일	구운 양고기 & 쇠고기
금요일	야채 & 고기만두
토요일	베이컨 & 녹색 야채, 사과만두

　식사 중에 물을 먹을 수가 있었고, 식사 시간 이외에는 전혀 음식을 섭취할 수 없었다. 금요일에는 학생들이 원한다면 3시까지 금식을 할 수 있었다. 웨슬리는 자기의 경험에 의하면 금식이 건강을 해치는 것과는 상관없으며 보편적으로는 오히려 건강하게 한다고 말했다.

　넷째, 오후 및 저녁 시간표를 설명하고 있다. 어학과 쓰기는 5시까지 가르쳤다. 가끔은 5시 이후부터 저녁 식사 시간 전까지 육체노동을 했다. 7시 전에 시작하는 공동 예배는 8시까지 계속되었고, 8시 이후에는 가장 어린 학생들부터 잠자리에 들었다.[16]

　웨슬리는 공동생활을 통해서 학생들을 철저히 관리했고, 학생들은 매일 규칙적인 생활을 했다. 학생들은 하루도 거르지 않고 기도와 예배, 산책과 노동을 통해서 개인적인 경건의 생활을 유지했는데, 고학년으로 올라갈수록 더 많은 시간을 경건의 시간에 활용했다. 신앙공동체의 생명은 예배의식, 경험, 실천 등의 생활을 통해서 활성화될 수 있고, 이런 과정을 통해 개인적인 신앙 성장이 이루어질 수 있었다. 킹스우드학교의 위의 스케줄은 계속 진행되었고 다른 방법들은 허용하지 않았다.

　웨슬리의 학교 운영은 철저한 경건 중심의 학습을 모토로 한 지식 교육이었음을 알 수 있다. 평일의 일과를 보면 새벽 4시에 일어나 경건의 시간을 갖게 했고, 오후 5시까지 개인 기도 시간을 갖게 했으며, 저녁 7시에 공동 예배를 통해 하나님께 영광을 돌리게 했다. 이처럼 경건 생활은 필수적이었다. 이처럼 웨슬리는 철저한 경건 생활에 입각한 지식 교육을 했고, 이것이 그의 교육 개혁을 성공적으로 이끌게 하는 원동력이 되었다.

3. 킹스우드의 교육 개혁을 말한다

지금까지 웨슬리에 의해 운영되었던 킹스우드학교의 운영에 대해 전반적으로 고찰했다. 다음으로는 웨슬리의 교육 개혁의 성과에 대하여 고찰하고자 한다.

웨슬리의 대중 교육 시작은 18세기 영국 사회의 부패한 문화와 사회적인 환경을 갱신하는 중요한 출발점이 되었다. 킹스우드학교로 시작된 웨슬리의 교육 실천은 모든 계층들에 이루어졌으며, 인간의 도덕성과 신앙을 일깨우며 인간 내면 의식의 변화와 더불어 영성의 회복을 가져왔다.

웨슬리는 하나님을 인정하지 않는 교육에 대해서 강력하게 반대했다. 그러나 교육의 목적이 종교적인 것에 국한된 것은 아니었다. 교육을 수행하는 데 있어서 종교 교육과 일반 교육도 병행했다. 웨슬리는 킹스우드학교를 세워서 자기의 종교적인 사명을 실천했고, 교육 실천의 결과를 볼 때 킹스우드학교를 종교 교육에서 이상적 모델로 삼을 만했다. 이렇게 볼 때 웨슬리 교육의 절정은 킹스우드학교에서 이루었다고 말할 수 있다. 그러한 웨슬리의 교육 성과는 다음과 같이 요약할 수 있다.

첫째, 웨슬리는 모든 아이에게 교육의 기회가 부여되어야 함을 실천했다. 당시 18세기 영국의 교육은 귀족의 자제들에게만 관심 있는 교육이 이루어졌으며 이외의 아이들은 소외되었다. 이에 대한 비판적 의식을 가진 웨슬리는 자신의 신념과 사명을 위해 킹스우드를 통해서 소외된 광부의 아이들을 위한 교육을 실천함으로써 교육의 대중화를 이루었다.
　둘째, 웨슬리의 교육의 대상은 아이들만으로 한정된 것이 아니라 어린아이, 청소년, 부모들에게까지 확대되었다. 웨슬리는 기숙학교를 통해 12세 이전의 아이들에게 미래를 위한 어린 시절의 교육을 실행하였다. 그뿐만 아니라 어른들에게는 일하는 시간이 아닌 아침이나 저녁 시간을 활용하여 교육하였다. 이런 점은 교육의 대중화를 이루어낸 웨슬리의 공헌이라고 할 수 있다.
　웨슬리는 어린아이 교육만이 아니라 성인들을 위한 교육도 병행했다. 당시 웨슬리의 부흥 운동에 참여했던 감리교도들은 대부분 정식적인 학교 교육을 받은 적이 없는 문맹자들이었다. 웨슬리는 이들을 교육하는 것이야말로 기독교의 본질적 복음전도 사업이라고 생각했고 그의 학교들은 성인 문맹자들의 교육을 위해서 어린아이만이 아니라 성인들에게도 개방하였다. 웨슬리의 성인 교육은 크게 세 가지 방법으로 실행되었다.
　첫째, 웨슬리가 세운 학교에서 성인 교육 과정을 개설하였다.
　1739년 킹스우드에 첫 번째 학교를 개설한 후 웨슬리는 이 학교의 본분에 관하여 다음과 같이 기술하고 있다.

> 평상적인 시간에는 주로 가난한 어린아이들을 교육하고 … 어린아이들과 한 자리에서 교육될 수 없는 나이 든 사람들은 … 아침 일찍이나

오후 늦게 교육했다. 그렇게 함으로써 그들의 노동에 지장을 받지 않게 된다.[18]

웨슬리는 그 당시 감리교 부흥 운동에 참여했던 사람 중에 있었던 문맹 상태의 광산 노동자들과 서민들에게 복음을 전하는 것으로 만족하지 않았고, 이들에게 교육할 수 있는 교육 과정을 개설함으로써 성경과 경건 훈련에 참여케 했다. 웨슬리는 그 후에 킹스우드에 학교를 설립하여 신학 분야만이 아니라 다양한 교육 과정을 개설하면서, 대학 교육을 받을 기회를 제공하는 선도적인 역할을 하였다.[19]

둘째, 문서를 통한 성인 교육이다. 웨슬리는 가난한 사람들이 값싸게 사서 읽을 수 있는 경건 서적과 소책자, 잡지 등을 제공하고 이들에게 독서를 장려하였다. 1749-1755년 사이에 웨슬리는 그의 출판 업적 중에 가장 중요하고 평가되고 있는, 50여 권으로 이루어진 『기독 문고』(Christian Library)를 발간하였다. 이 기독교 문고는 설교자들과 감리교도들에게 기독교 신앙의 이해를 전달하는 신학 교육의 창구로 사용되었다.

웨슬리는 『기독 문고』 외에도 철학, 과학, 자서전 등과 같은 많은 책을 출간하였으며, 1778년에는 월간 잡지인 「알미니안 매거진」(Arminian Magazine)을 창간하여 감리교도에게 영감을 준 시 또는 간증, 그리고 신학적 논점들을 제공하였다.[20] 독서는 초기 감리교도의 매일의 영성 생활에 필수적인 도구였다. 웨슬리는 당시 가난한 이들에게 신앙 생활에 필요한 책들을 값싸게 보급하는 노력을 통해 그들의 경건 훈련을 돕는 역할을 하였다.

셋째, 소그룹을 통한 성인 교육이다. 웨슬리가 값싸게 보급했던 신앙 서적들이 감리교 공동체 안에서 읽히고, 교제를 나누는 중요한 도구였다는 사실은 신도회와 속회와 같은 소그룹들이 성인 교육에 있어서 중요한 역할을 감당했다는 사실을 반증하고 있다.

초기 감리교 운동에 참여했던 사람들은 대부분 학교라는 곳을 전혀 다녀본 적이 없었던 노동자와 광부, 그리고 가난한 서민 출신들이었다. 그래서 이들 대다수는 성인이 되어서야 비로소 읽기를 배울 수 있었다. 이들을 정회원으로 받아들인 소그룹은 상호 연대 의식 가운데 조직적인 독서를 통해 자신들의 삶과 신앙 문제를 생각하고 성결한 삶을 도모했다.[21]

웨슬리가 세운 학교는 감리교도뿐만 아니라 점차 일반 사람들에게도 입학을 허가했고, 보급했던 책들은 신학적인 주제로 한정하지 않고 철학, 문학, 의학, 논리학 등의 전 분야들을 포함하였다. 이처럼 웨슬리의 교육 사업은 오직 종교적인 목적을 위한 것으로 그친 것이 아니었고, 인간의 세속적인 모든 삶을 포함한 전인적인 삶의 향상을 목적으로 한 것이었다. 그러나 다른 한편으로 웨슬리의 교육 사업은 사람들을 기독교 진리 안에서 양육하게 하여 궁극적으로 마음과 삶의 성결을 이루게 하고자 하는 경건 훈련의 실천적인 도구였다.

셋째, 웨슬리의 교육은 기독교 교육의 진정한 모델로 평가할 수 있겠다. 웨슬리는 킹스우드학교를 지식을 전달하기 위한 목적이 아니라, 가능적 존재인 인간이 하나님의 영적인 형상과 하나님과의 관계를 회복함으로써 전인적인 성장이 이루는 것을 목표로 운영했다.

넷째, 웨슬리의 교육은 단지 종교적 목적만을 이루기 위한 교육이 아니었으며, 온전한 신앙 교육과 더불어 지식을 습득하는 교육의 본래 목적을 이루고자 하는 목표를 겸하고 있었다.

다섯째, 웨슬리의 교육은 18세기 영국 사회에 분명한 변화와 영향력을 주었다.

이처럼 웨슬리의 교육은 개혁적이었고, 영국 사회의 공교육의 문제점을 극복하고 교육 혁신을 실현하는 데 성공적이었다고 평가될 수 있다. 철저한 경건주의 정신에 입각한 경건 중심의 교육과 모든 사람은 교육받을 권리가 있다는 코메니우스의 사상에 영향을 받아, 교육 대중화를 실천한 그의 교육 개혁은 당시 영국을 변화시키는 원동력이 되었다.

The Story of Education from Wesley

제5장 웨슬리의 교육 방법론

1. 웨슬리의 교육 원리

　웨슬리의 교육 원리를 정의하기 위해서는 웨슬리에게 영향을 준 교육 사상가들의 교육 원리에 대한 정의를 내려야 한다. 그들은 루소와 로크, 그리고 코메니우스이다. 웨슬리가 교육개혁가로서 킹스우드학교를 설립하여 교육 불평등의 문제를 해결하고 철저한 신앙 교육과 더불어 양질의 교육을 통하여 인재를 길러낼 수 있었던 이유는, 웨슬리에게 교육 철학과 원리가 형성되어 있었기 때문이다. 그렇다면 웨슬리의 교육 사상에 영향을 끼쳤던 루소와 로크, 그리고 코메니우스의 핵심적 사상을 살펴보도록 하겠다.

1) 루소의 자연주의와 웨슬리의 학습자 이해

루소는 교육의 근원을 자연과 인간과 사물이라고 보았고, 능력과 기관의 내적 성장은 자연의 교육이며, 이러한 성장을 어떻게 이용할 것인가를 가르쳐주는 것이 인간의 교육이라고 보았다. 루소의 교육 소설 『에밀』은 자연 상태에 방치된 아이가 최상의 교육을 습득하는 이야기를 다루고 있다. 즉 루소는 아이들이 최상의 교육을 받을 수 있는 환경은 자연 친화적이며, 억압되지 않고 자유로운 에너지가 발산될 수 있는 환경이라고 보았다.

웨슬리는 루소의 사상을 전적으로 수용하지는 않았지만, 그의 사상적 공유를 통해서 아이들을 사랑하고 자유로운 사상의 세계를 인정하는 등, 학습자 이해에 대한 자신의 교육 원리를 터득하게 되었다. 이러한 점은 웨슬리가 학생들에 대해서 어떻게 이해하고, 그들을 가르쳤는지의 중요한 실마리가 되는 것이다.

당시 영국 사회는 학생이라는 개념이 존재했다고 볼 수 없을 만큼 교육의 불평등이 존재했다. 학습은 귀족들이나 상류 사회의 자녀들만이 누릴 수 있는 특권이었다. 그러나 웨슬리는 킹스우드학교를 설립하여, 귀족의 자제가 아닌 킹스우드 빈민가의 자녀들을 교육하고, 그들에게 교육의 기회를 제공하는 일을 시도했다.

웨슬리에게 있어서 학생이란 귀족의 자녀만이 아니라, 마음껏 배울 기회를 누려야 할 존엄한 존재이다. 여기에는 빈부 격차와 지위 고하가 중요하지 않았다고 여겼다. 학습자는 거추장스러운 신분에서 벗어나 하나님이 지으신 피조물로서, 마땅히 교사로부터 사랑받고 이해받아야 한다는 점이다. 웨슬리는 학습에서는 엄격한 선생이었지만, 학생들을 이해함에서는 자애로움과 사랑을 잃지 않는 사랑을 가진 교사였다.

오늘날 교권이 무너지고, "선생은 있을지언정 스승은 존재하지 않는다"라는 말이 낯설지 않게 되었다. 학습자가 하나님 앞에서 자유로운 영혼임을 인정하며 사랑과 자애로 대하는 웨슬리의 학습자 이해는 우리의 교육 현실에도 요구된다.

2) 로크의 규율 교육과 웨슬리의 교사론

로크는 주장하기를, 아담의 후손들은 대부분 그들의 자연적 기질 속에 악한 경향을 띠고 태어나는데 이것을 잘라내거나 균형을 잡아주는 것이 교육의 임무라고 하였다. 웨슬리는 말하기를, 본성의 경향은 악의 길로 가게 하는데 교육은 이것을 바로잡도록 계획되어야 한다고 하였다. 이러한 웨슬리의 의견은 로크의 규율 교육과 유사성이 있다.

그러나 하나님의 권위에 대한 입장에서 이 둘은 큰 차이를 보이는데, 로크는 하나님의 권위를 사회의 권위로 대치하려고 하고 교역자의 권위를 지주나 귀족 계급의 권위로 바꾸려 했다. 하지만 웨슬리는 하나님의 권위를 중요하게 인정하고, 부모의 권위를 하나님께서 직접 주시고 위임한 권위로 주장한다는 점에서 로크와 차이가 있다.

여기서 교육을 실행하는 교사에 대한 교사론은 웨슬리에게 매우 중요한 부분이었다. 웨슬리는 학습자를 교육하는 교사에 대한 교육 방법론에 많은 관심이 있었다. 어린 시절 어머니 수산나를 통해서 엄격한 규율 교육으로 성장하였던 웨슬리에게 규율 교육은 중요한 교육 방법이 되었다. 엄격한 규율 교육은 당시 로크의 사상에서 영향을 받은 것으로 보인다. 웨슬리가 실제로 킹스우드학교에서 교사들을 지도함으로 말미암아, 그의 교사론은 꽤 세밀하고 엄격한 관리 체계를 가지게 되었다.

(1) 소그룹 교사 담임제(1:5 담당제)

웨슬리가 킹스우드학교를 운영할 당시 학교에서 기숙하던 학생 수는 28명이었으며, 교사 수는 6명이었다. 이것은 1명의 교사당 5명의 학생을 담당했다는 것이다. 그는 이것을 학생과 교사의 이상적인 비율로 생각했다. 학교 경영상의 문제를 고려할 때 5명씩이나 되는 교사를 둔다는 것은 어려운 결정이었을 것이다. 이런 점에서 웨슬리가 경영보다 교육의 효과를 염두에 두었다는 것을 알 수 있다.

(2) 교사의 자질

웨슬리는 교사들을 임용하면서 교사의 자질에 대한 기준으로 하나님께 헌신하는 마음과 학습자를 돌보는 자세를 중요하게 여겼다.

첫째, 하나님께 헌신하는 마음이다.

웨슬리는 유능한 교사의 자질을 신앙심에 기준을 두었다. 웨슬리는 몸과 마음을 다하여 하나님을 영화롭게 하려는 사람은 매우 드물다고 생각했다. 신앙심이란 바로 하나님과의 관계를 말하는 것이다. 하나님이 교사를 부르시고 교사가 살아계신 하나님을 나의 구주로 고백할 때, 비로소 교사에게 헌신하는 마음이 있게 되는 것이다.

둘째, 학습자를 돌보는 마음이다.

웨슬리는 교사를 채용하면서 학생들에게 교사의 학문적인 면만이 아니라 그 인격이 본받을 만한가에 관심을 두었다.

(3) 교수법의 열정을 가진 교사

학습의 현장을 역동적으로 이끌어 가는 창의적 교수법의 개발이야말로 학습자의 기초적 자질과 더불어 필수적인 자질을 향상시킨다. 이런 점에서 볼 때, 웨슬리는 좋은 교사의 조건으로서 신앙심과 더불어 전문성을 함께 고려하였다.

3) 코메니우스의 실물 교육과 웨슬리의 교육 방법론

웨슬리가 코메니우스의 실물 교육을 응용했던 것은 분명하다. 실물 교육은 한마디로 세상의 모든 것을 교육의 교재로 사용한다는 것이다. '알아야 할 것은 반드시 배워야 한다'는 것이다. 어린아이는 상징과 형태를 통해서 아는 것이 아니다. 즉 어린아이 교육은 직접 사물과 생각을 알려줌으로 가능하다.

웨슬리는 자신의 학생들을 가르치기 위해서 모든 시청각과 모든 교재를 동원하였다. 마치 예수님께서 제자들에게 자연을 교육 교재로 사용하여, 무화과나무의 비유와 공중 나는 새를 보라 등의 어록을 남기셨던 것처럼, 웨슬리는 실물 교육을 통해 충분한 이해를 제공하려고 연구하고 노력했다. 이런 점은 오늘날 가르치는 모든 이들이 응용하고 적용해야 할 점이라 여겨진다.

2. 웨슬리의 교육 원리를 통해 본 교육 방법론

웨슬리가 처음부터 학교를 만들겠다는 생각이나, 의도를 가지고 있었던 것은 아니었다. 웨슬리는 올더스게이트(Aldergate) 거리에서 강력한 성결의 체험을 하고 난 뒤, 여러 분야에서 하나님의 영광을 드러내며 이타적인 삶을 살았다. 그중의 하나가 교육 개혁이었다. 그에게는 명문 학교를 세우려는 의도가 없었다. 그가 학교를 시작한 목적은 단지 소외된 아이들이 철저한 성경 교육을 통해 하나님의 자녀로 살아가고, 정당한 교육 기회를 부여받아 사회에서 자신의 삶을 살아갈 수 있도록 길을 제공하는 것이었다.

그러나 웨슬리의 학교 운영은 결코 주먹구구식이 아니었고, 그는 철저한 연구와 노력으로 양질의 교육을 시작할 수 있었다. 전장에서 웨슬리의 교육 원리를 살펴보았다. 루소, 로크, 코메니우스에게서 영향을 받은 웨슬리의 교육 방법론을 살펴보기로 하겠다.

1) 교육의 목표는 하나님의 형상 회복에 있다.

웨슬리는 킹스우드학교를 설립하며, 아이들을 온전한 하나님의 형상을 회복한 그리스도인으로 세우고자 하는 목표를 세웠다. 그러나 이 목표를 위해서 병행한 것이 양질의 학과 교육이었다. 오늘날 학교 교육이 학력고사나 성적 올리기보다 우선해야 할 것은 전인적 성장을 통한 하나님의 형상, 즉 믿음과 인격 형성이며, 이 목표를 위해 병행되어야 할 것은 학과 교육이어야 한다.

요즘 여름시즌이 되면 아이러니한 사건들을 접하게 된다. 여름성경학교가 열리는 방학의 시작 즈음에, 동네 아이들이 여름성경학교 모자, 가방, 셔츠, 각각의 교회기념품들을 의기양양하게 치장하고 돌아다니며 으스대는 것을 본다. 그런데 각 아이템마다 새겨진 교회 이름이 다르다. 모자는 이 교회에서, 가방은 저 교회에서, 티셔츠는 또 다른 교회에서 받아 온 것들이다. 그 아이들은 자기가 어느 교회 주일학교 어린아이인지에 대한 정체성이 없다.

여기서 우리는 교회학교 시장을 서성이는 아이들의 미묘한 그림을 보게 되는 것이다. 간과해서는 안 되는 것은 기독교 교육의 목표가 하나님의 형상 회복이라는 점이다.

웨슬리는 '양질의 교육 콘텐츠'를 제공하면서도, 교육의 목표가 하나님의 형상 회복이라는 점을 절대 놓치지 않았다. 교회학교의 목표가 많은 수의 인원 동원이 되어서는 안된다. 교회학교의 목표가 인원 동원이 된다면, 아이들은 쇼핑하고 구경하러 이 교회, 저 교회, 또 다른 교회를 찾아다니게 되고, 교회학교는 철 모르고 방황하며 유랑하는 어린 영혼들에 대하여 무책임하게 된다. 그러므로 교회학교는 웨슬리처럼 학습자의 하나님 형상 회복에 교육의 우선적이고 근본적인 목표를 두어야 한다.

2) 웨슬리의 실물 교육

웨슬리는 킹스우드학교를 설립하기 위해 교육 방법론을 연구하고, 조사하며 온갖 심혈의 노력을 기울였다. 웨슬리는 효과적인 교육 방법을 위해 모라비안 교도들이 운영하는 예나학교를 방문했고, 거기서 코메니우스의 실물 교육 방법을 배워 자신의 교육에 적용하기도 했다. 실물 교육이란 한마디로 말하면 오늘날의 시청각 교육이라 할 수 있다.

실물 교육의 원조로는 예수님의 교육을 들 수 있겠다. 예수님은 제자들을 향하여 "공중 나는 새를 보라. 들에 핀 백합화를 보라"고 말씀하셨다.

"공중에 나는 새는 먹을 것을 거둬들이지도 않고 백합화는 입을 옷을 위해 길쌈도 하지 않지만, 하나님께서 새를 먹이시고 백합화의 아름다움을 유지하시는 것을 알지 못하느냐?

그런데 너희는 하나님이 내버려 두겠느냐?

무엇을 먹을까, 입을까 염려하지 말라."

예수님이 새와 백합화라는 사물로 제자들에게 강력하게 의미를 전달한 것에서 볼 수 있듯이 실물 교육은 탁월한 효과를 갖고 있다.

마찬가지로 코메니우스의 실물 교육이 학습자들에게는 모호한 개념이 아니라 명확한 이해를 더하는 학습이었다. 학습자에 대해 어떻게 하면 더 잘 가르치고, 더 이해시킬 수 있겠느냐는 고민을 통해 교육은 더욱더 효과와 능률을 발휘하는 것이다.

3) 하이브리드 실물 교육과 적용

오늘날 우리의 교회 교육의 현장에 실물 교육은 어떻게 적용될 수 있을까?

실제로 교회 교육의 현장은 실물 교육을 대체로 잘 적용해 온 것 같다. 과거에 교회학교는 찬양을 가르치기 위해서, 전지에 악보를 그려 함께 찬양했다. 그리고 그림을 그려 융판 설교를 하기도 했다. 이것은 일종의 시청각 교육이었다.

모양과 문화는 변했다 할지라도, 현대 사회는 멀티미디어를 통해 더욱 문화의 진화를 이루어지고 있다. 오늘날 프로젝터를 이용한 PPT, 애니메이션 등이 급속도로 발달하고 있다. 이런 시청각 도구를 연구하고 사용하는 것이 실물 교육을 계승하는 것이라 할 수 있겠다.

또한 오늘날은 SNS를 활용할 수 있다. 밴드(BAND), 카톡, 홈페이지, 페이스북 등을 활용하여 교육, 교제, 전도, 신앙상담 등의 효과를 극대화해야 한다. 또한 SNS를 활용하면, 평일에도 아이들과 교제하여 반복회를 성공적으로 이룰 수 있다. 이제는 단순한 실물 교육이 아니라, SNS 등을 스마트하게 활용하는 하이브리드 실물 교육이 활성화하여, 어린 영혼들을 전인적인 그리스도인으로 성장시키는 계기를 만들어야 한다.

4) 신앙을 위한 문화학교

이제는 학교도 주 5일제로 운영되고 있고, 은행, 관공서 등로 점점 주 5일제로 전환되고 있다. 주말에 교외에서 가족과 함께 여가를 즐기기 좋은 여건이 갖춰지고 있다. 이것은 어린아이들이 점점 더 교회학교에 참석할 가능성이 멀어져 간다는 것을 의미한다.

그렇다면 교회도 주 5일제를 대비한 주말학교로 변신을 꾀해야 한다. 이제 교회학교도 토요학교 등을 개설하여 킹스우드식 교회학교를 운영할 필요도 있다. 예를 들면 신앙 교육을 위한 문화 콘텐츠를 개발하고, 아이들이 교회에 와서 얻을 수 있는 양질의 프로그램과 놀이 문화를 제공하면서 복음과 연결시켜야 한다. 영어교실이나 천자문학교, 만화교실 등 여러 가지 콘텐츠를 개발하여 하이브리드 실물 교육을 실행할 때 교회학교는 더욱 발전할 수 있을 것이다.

3. 웨슬리의 교육 업적에 대한 평가

지금까지 논했던 웨슬리의 교육 과정과 업적을 살펴보면, 웨슬리가 얼마나 열정적으로 교육을 위해 연구하고, 희생하며 정열을 불태웠는지를 알 수 있으며, 그의 노력과 헌신에 박수를 보내는 것이 마땅하다. 본 단원에서는 웨슬리의 교육 업적을 간단하게 정리하고 웨슬리의 교육의 문제점도 다루고자 한다.

1) 웨슬리의 교육 업적

웨슬리가 이룬 교육 업적을 정리하자면 다음과 같다.
첫째, 웨슬리는 교육 평등에 대한 개념을 정립하고 실천에 옮겼다.
당시 사회에서 교육은 민감한 문제였다. 당시 사회는 지배 계층과 피지배 계층으로 나누어진 이원적 구조였다. 산업 혁명과 계몽주의로 인해 사상의 자각이 일어나는 상황에서, 지배 계층은 대중들에게 지식이 전달되고, 계몽이 일어나는 것에 대해 우려하였다.
이런 상황에서 웨슬리는 교육의 기회는 평등해야 하며, 누구든지 배우고자 하는 자는 배워야 한다는 의식을 가지고 있었다. 그래서 웨슬리는 킹스우드학교를 설립하여 성인들까지 일과 시간 이후에 학교에서 배울 수 있게 하였다. 웨슬리는 특정 계층만이 아니라 남녀노소 모든 계층을 교육의 대상으로 삼았는데, 이것은 혁신적인 사고의 전환이며, 교육사에 새로운 전환기를 마련하는 것이었다.

둘째, 웨슬리는 교육 방법과 교육 과정에 있어서, 과학적이고 진보적이었다.

웨슬리는 주먹구구식으로 학교를 운영하거나, 잦은 시행착오를 용납하지 않았다. 학교를 효과적으로 운영하기 위하여 상당한 조사와 연구했고, 학교를 과학적이고 진보적으로 운영했다. 특히, 그는 학생을 바로 지도하기 위하여 학생 5명당 교사 한 명의 비율이 되게 하여, 학생들을 지식적으로뿐만 아니라 전인적으로 양육하려고 하였다.

셋째, 웨슬리는 학교에서 고등학교 과정을 실시하였다.

웨슬리가 운영하던 학교의 수업수준은 매우 양질의 것이라고 할 수 있다. 당시 영국의 공립 학교에서 표준으로 가르치고 있는 일반 과목들 외에 문학, 논리학, 수사학, 음악, 성경, 고전 등을 가르쳤다. 또한 교육의 질을 높이기 위해서 그 당시 문제가 되었던 교재들을 수정 보완하여 사용함으로써 학습 효과를 증대시켰다.

이렇게 웨슬리의 교육에 대한 연구와 노력은 교육 개혁의 성공케 한 중요한 요인이 되었다.

2) 웨슬리 교육의 문제점

웨슬리의 교육을 무턱대고 높이 평가하거나, 그대로 수용하기보다는, 평가와 수정 보완이 요구된다. 그의 교육의 문제점을 비평하자면 크게 두 가지로 나눌 수 있다.

첫째, 웨슬리의 교육 방법은 과할 정도로 엄격하고 두렵기까지 하다.

웨슬리의 교육론을 연구하면서 열정을 가진 교육 사상에 감명을 받으면서도, 한편으로는 무거움을 느꼈던 것이 사실이다. 특히, 어린 시절 웨슬리에게 행해졌던 수산나의 가정 교육이 다소 무섭고도 엄격하여, 어린아이가 감당하기에는 심한 것 같다.

또한 어머니 수산나의 교육 영향을 받아온 웨슬리 역시 교육에 있어서 지나칠 정도로 규율적이고 철저한 교육 환경을 조성하려고 했다. 그래서 교사가 아이들의 행동 하나하나를 감시하고 통제하도록 했다. 그러나 그러한 교육을 받은 아이들에게서는 창의력을 기대할 수 없을 것이다.

또한 성장 속도가 빠른 시기에 아이들에게 영양 공급을 제대로 하지 않고 절제시킨 것도 문제점으로 보인다.

둘째, 아이들에게서 노는 것을 금지했다는 점이 문제점으로 보인다.

"어렸을 때 노는 아이는 어른이 되어서도 논다."

웨슬리는 이러한 독일의 격언을 중요시한 것이다. 그래서 그의 교육에서, 오락이 금지되었던 점이 발견된다. 그러나 현대 교육에서는 "놀이가 곧 교육"이라고 불릴 정도로 놀이의 중요성이 강조되고 있다.

이와 같은 문제점들은 시대의 특성을 고려한다면 충분히 이해될 수 있지만, 오늘날 교회 교육에서 이러한 문제점이 발생하지 않도록 웨슬리의 교육 방법을 수정 보완되어 적용해야 할 필요가 있다.

제6장
웨슬리에게 배우는 교육

킹스우드학교가 웨슬리의 전 생애에 걸쳐 형성된 교육 사상이 실현되고 실천되어 교육 개혁을 이룬 위대한 성과물이었다면, 본 장에서는 웨슬리가 교육 개혁을 단행한 동기와 그가 교육에 관심을 갖게 되고 실천하게 된 과정을 알아보도록 하겠다. 더불어, 웨슬리의 교육이 현대 교회 교육의 문제점과 어려움을 돌파할 수 있는 대안이 될 수 있다는 필자의 전망과 그 적용의 방법을 제시하고자 한다. 특히 SNS 시대에 교회 교육이 어떻게 방향을 잡아야 할지도 제시해 보겠다.

1. 웨슬리의 교육 이야기

웨슬리의 교육 개혁 성과는 '올더스게이트'에서 경험했던 회심과 강력한 성결 체험, 그리고 선교와 교육에 대한 열정과 헌신으로 말미암아 시작된 것이다.

웨슬리는 심각한 교육 불평등과 사회적 모순을 극복하고 부패하고 타락한 사회를 복음으로 새롭게 하려는 열정을 가지고 있었다. 또한 말을 타고 먼 거리를 왕래하며 복음을 전했던 전도자의 모습과 탁월한 교육 모델들을 찾아 방문하고 연구하던 교육자의 모습은 마침내 성공적인 교육 모델이 되었다.

이제, 그의 교육 개혁의 혁신적 실행의 장이었던 킹스우드학교가 세워지기 있었던 웨슬리의 교육 이야기와 그의 핵심적인 교육론인 학습자 이해, 교사 이해, 교육 방법에 대해서 살펴보고자 한다.

1) 시대적 상황과 교육 개혁 의식

웨슬리가 살았던 17세~18세기의 시기는 산업 혁명과 르네상스를 통해 사회 구조가 급격하게 변화를 일으키는 시기였다. 종전의 시대에는 지주와 소작농, 그리고 귀족과 평민이라는 이원적 사회 구조를 이루고 있었는데, 이제는 제3의 계급 구조가 새롭게 형성되었다. 산업 혁명이 불러일으킨 변화는 출신 성분이나 계급이 아니라, 개인의 능력에 따라 대우받을 새로운 기회를 부여하였으며 합리주의와 계몽주의 사상이 이 시대의 새로운 사조를 이끌었다.

또한 그동안 중세 사회의 교육 방식인 교회가 주관하는 학교 교육에 변화가 일어났다. 교육의 형태는 세 가지 형태로 변형되었는데, 부유층을 위한 사립 학교, 그리고 교회 주도로 운영되던 교회 주관 학교, 중세 공립 학교로 남아있던 공립 학교였다.

그러나 웨슬리가 살던 시기의 영국은 산업 혁명이 시작되면서 사회 질서가 무너지고, 노동자들은 가난과 고통으로 힘든 삶을 살아가고, 도덕성은 추락하여 퇴폐와 향락으로 무너져 갔다. 또한 기득권층들은 하층계급이 교육을 통해서 각성하고 계급 평등을 요구하는 등의 혼란을 원하지 않았다. 그들은 특히 빈민들을 위한 교육의 필요성을 느끼지 않았다.

이같이 열악한 교육 환경이 조성된 시대에 웨슬리는 교육 대중화에 대한 관심을 기울였다. 그는 가난한 자나 부유한 자나 누구든지 교육을 받아야 할 권리가 있음을 인지했고, 이를 위한 교육 개혁의 깃발을 들었다.

2) 교육 개혁의 계기와 과정

1726년 3월, 웨슬리는 옥스퍼드 링컨칼리지(Lincoln College)의 특별 연구원으로 선발되었다. 그리고 그는 신성클럽(Holy Club)을 조직했다. 이 모임의 특징은 초대교회의 모습을 생활 지침으로 삼아 사회에 소외된 자들에게 정열으로 돕는 것이었다. 신성클럽 회원들은 이 일을 철저히 계획하고 시간을 잘 할당하여 활용했는데, 이런 모습으로 인해 그들은 같은 학교의 학생들로부터 비난과 조소를 받았다. 이때부터 신성클럽 회원들은 규칙 벌레(Methodists)라는 별명을 얻었다.

1735년에 웨슬리는 미국 조지아(Georgia) 식민지에 대한 전도 활동을 전개해 달라는 권유를 받아 배를 타고 선교지로 가는 길에, 모라비안(Moravian) 교도에게서 큰 감명을 받는 사건이 일어났다. 항해 도중 폭풍우를 만났는데, 승선한 사람들은 두려움에 떨었지만, 그들은 폭풍우 속에서도 두려워하지 않고 찬송을 부르며 그 위기를 극복하였다. 웨슬리는 1736년 2월 6일 사반나(Savannah)에 상륙했고, 모라비안 교도인

스팡켄버그(Spangenberg)를 만났다. 스팡겐버그는 빈민층 자녀들의 교사였는데 후에 그는 예나(Jena)와 할레(Halle)대학의 교수가 되었다.

웨슬리는 조지아에서 스팡겐버그로부터 교회의 교육과 신앙에 대하여 영향을 받게 된다. 그리고 웨슬리는 조지아 선교 초기에 하층 빈민 계급의 아이들을 가르쳤는데, 여기서 일주일에 두 번씩 어린아이들을 가르쳤다. 웨슬리는 또 병자들을 돌보며 죄인을 회개하도록 권유하고 소수의 무리를 모아 교제할 수 있도록 도왔다. 이때부터 웨슬리에게 교육과 종교이 병행되어야 한다는 생각이 형성되었다. 그는 아침 수업 전과 방과 후에 규칙적으로 어린아이들에게 교리문답을 가르쳤다.

웨슬리는 2년 만인 1737년 12월 22일 식민지 조지아를 떠나 영국으로 다시 돌아왔다. 그리고 1738년 올더스게이트 거리에 있는 작은 교회 집회에서 로마서 서문을 낭독하는 것을 듣다가 깊은 회심을 경험하게 된다. 웨슬리는 회심 체험 이후, 열정적인 선교 활동을 펼치게 되었다. 또한 웨슬리는 1738년 6월부터 모라비안 교도의 본부인 헤른후트(Hernhurt), 할레(Halle), 예나(Jena) 등을 방문하며, 여러 곳의 모범 학교들을 시찰하였다. 이 시찰을 통해서 그가 계획하던 학교의 운영 방법이나 교육 방법에 대해 많은 도움을 얻었다.

웨슬리는 1739년 6월 브리스톨(Bristol) 광산의 노동자 자녀 교육을 위해서 자선 학교 기공식을 열고, 1740년 봄 런던(London)과 바스(Bath)의 중간 지역인 킹스우드(King's Wood)에 교실 4개의 올드하우스(Old House)학교를 완공했다. 웨슬리는 이 올드하우스에 전 연령층의 학생들을 대상으로 한 성인 야간 학교를 개설하여 누구나 독서, 작문, 산수 등의 초등학문을 배울 수 있게 하였다. 또한 1746년 4월에 뉴하우스

(New House)학교 기공식 예배를 드리고 1948년 6월 24일 학교가 완공되어, 교사 6명과 학생 28명으로 킹스우드학교를 시작하게 되었다.

3) 웨슬리의 교육 열정

웨슬리는 올드스게이트 거리에서의 회심 체험 이후부터 1791년 임종 시까지 항상 말을 타고 여행하며 기회 있는 대로 복음을 전했고, 저술 활동으로는 성경주석 4권과 50권으로 된 『기독 문고』(Christian Library)를 저작 출판했다. 후에 이것을 개정하여 30권으로 축소하여 발행했다. 그 외에도 4권의 교회역사서, 3권의 시집, 6권의 교회음악서를 집필했고, 그리고 56쪽 정도 되는 월간 잡지 「알미니안 매거진」(Arminian Magazine)의 주필로 여러 해 집무를 했다.

또한 4권의 영국역사서, 5권의 자연과학개론서, 전기학 저서, 영어사전, 약과 위생에 관한 저서 3권, 히브리어 문법서, 라틴어 문법서, 프랑스어 문법서, 영어 문법서들을 저술했다. 이밖에도 많은 소책자와 설교집, 서신, 변론서 등을 출간하였다. 그의 저술 중에서 일부는 그가 설립했던 학교의 교재로 사용되었다.

위에서 알 수 있듯이 웨슬리는 교육과 교육의 방법에 대해 관심이 많았음을 알 수 있다. 웨슬리는 자신의 이상적인 학교인 킹스우드학교를 건립하는 데 힘을 쏟았고, 그 학교의 교재를 집필하였으며, 효율적인 교육의 방법을 찾기 위해 유명한 학교들을 방문하고 탐구하였다.

4) 학습자 이해

루소는 교육의 근원을 자연과 인간과 사물로 보았고, 능력과 기관의 내적 성장은 자연의 교육이며, 이러한 성장을 어떻게 이용할 것인가를 가르쳐주는 것이 인간의 교육이라고 보았다. 웨슬리의 교육 사상은 학습자를 하나님의 형상을 따라 지으심을 받은 소중한 영혼이며, 이 영혼이 하나님의 형상을 회복하는 것을 목적으로 삼았다. 그렇다면 웨슬리의 학습자 이해에 대한 핵심적 사상들에 대하여 살펴보겠다.

(1) 가능적 존재

미국의 변증법 신학자로 널리 알려진, 라인홀드 니버(Reinhold Niebuhr)는 인간을 '가능적 존재'로 이해했다. 그는 구약성경 창세기의 창조 이야기에 근거한 하나님의 형상에서 인간 이해를 도출했다. 즉 인간은 하나님의 형상으로서의 '가능적 존재'라는 측면과 피조물의 한계를 가진 죄인으로서의 '불가능성의 존재'라는 측면을 갖고 있다고 보았다.

모순되는 것으로 보이는 이런 두 측면을 어떻게 수용할 수 있는가?

니버는 이것들을 인간의 '불가능의 가능성'이란 변증법적인 관계 이해를 통해 통합한다.[1]

웨슬리는 완전한 그리스도인을 "마음과 생활을 지배하는 순수한 사람"으로 정의하였고, 믿음으로 말미암아 의롭다 함을 받은 모든 기독교인이라면 누구나 도달할 수 있는 '가능적 존재'로 보았다.[2] 니버의 가능적 존재와 웨슬리의 학습자 이해에는 일맥상통하는 부분이 있다고 여겨진다.

웨슬리는 학습자를 어린아이나 청소년만으로 국한한 것이 아니라 모든 인간을 학습자로 보았고, 학습자인 인간을 하나님 앞에서의 가능적 존재인 동시에 불가능적 존재로 보았다. 또한 그는 학습자인 인간이 하나님을 만나고 신앙 교육을 통해서 가능적 존재로서 새로운 전인적인 그리스도인으로 변화될 수 있다고 보았다.

(2) 종교 교육을 목적으로 하는 지식 교육

킹스우드학교 교육에서도 알 수 있듯이, 웨슬리는 일반적인 지식 교육을 전달하는 것이 목적이 아니었다. 신앙 교육을 통해서 새롭게 될 가능성의 토대 위에, 지식 교육이 접목되어야 한다는 것이 웨슬리 교육의 핵심이다. 왜냐하면, 하나님이 없는 지식 교육은 웨슬리에게 있어서는 상상할 수 없는 교육이기 때문이다. 웨슬리는 18세기 영국 교육의 문제점들에 대해 다음과 같이 지적했다.

첫째, 학교의 환경 문제이다.

그 당시 영국 대부분의 학교는 대도시의 중심지에 있었기에 학교에 갈 때마다 학생들은 많은 불편함을 겪어야 했고, 그들이 학교 밖으로 나갈 때는 언제나 그들이 배운 것을 실천하기에는 과중한 약속들이 짐 지워져 있었다.

둘째, 학교 측에서 모든 아이를 선별하지 않고 입학시키는 것이 문제이다.

웨슬리는 그의 일기에서 다음과 같이 기록하고 있다.

> 나는 킹스우드학교를 운영하면서 학생들에 대한 학교 운영에 관해 많은 이야기를 나누었다. 한 소년의 문제점들이 다른 학생들에게 전

염될 수 있다는 것을 모든 교장은 동의했다. 그래서 나는 행실이 좋지 못한 학생이 학교에 남아 있다면 다른 학생들에게 안 좋은 영향을 미칠 수 있으므로 그들을 집으로 돌려보냈다.

나쁜 환경이 사람에게 악영향을 미치는 것처럼, 학교에 입학하여 다른 학생들에게 나쁜 영향을 미치는 학생이라면 퇴학을 시켜서라도 다른 학생들에게 그 영향이 전염되는 것을 막아야 한다고 그는 생각했다.

셋째, 종교 교육 제도에 대한 문제이다.

종교적인 교육을 받은 적도 없고 종교적인 실천과도 아무런 상관이 없는 불신앙의 교장들이 학생들의 종교에 전혀 관심이 없는 모습이곤 했다. 웨슬리는 이런 제도상의 결점 역시 종교 교육을 방해하는 것들과 깊은 관계가 있는 것으로 보았다.

넷째, 선택이나 방법, 그리고 범위 등에서 드러나는 문제이다.

웨슬리는 교육 과정에 있어서 쓰기나 산수 같은 기본적인 과목을 학습하기 위해서 너무나 많은 시간을 할당하는 것에 대해 반대했는데, 여기에는 언어의 문제도 포함되어 있다. 그는 학교의 학과 과목들에 대한 선택이 잘못되어 있으며, 방법도 적절하지 못하다고 보았다. 또한 고전 문학들은 주제나 문장에서 난이도에 따른 분류가 되지 않은 상태에서 학생들에게 읽혀지고 있었다.

그뿐만 아니라 학교에서 배우는 고전 문학의 내용들은 대부분 종교에 비판적일 뿐만 아니라 세속적인 것들을 토대로 하고 있으므로 학생들에게는 치명적인 영향력을 미치게 된다고 웨슬리는 지적하였다.[3]

이상에서 볼 때 웨슬리는 일반적인 지식 교육에 목표를 가지고 있는 것이 아니라, 신앙 교육을 통한 일반 교육이라는 것에 우선순위를 두고 있다는 것을 알 수 있다. 이것은 니버가 말한 '불가능의 가능성'처럼, 한 영혼이 하나님을 만나고 하나님의 형상을 회복할 때 비로소 가능성이 있는 존재가 될 수 있다는 점을 웨슬리는 잘 알고 있었다는 것을 보여준다. 바로 그러한 생각이 웨슬리의 교육 사상 속에서 고스란히 실천되고 있고, 웨슬리는 교육 대상인 학습자를 인격적인 영혼으로 취급하였다.

(3) 소중한 한 영혼으로서의 학습자

웨슬리가 학습대상자인 어린아이의 영혼을 어떻게 보았는지는 유아세례에 관한 입장에서 잘 나타난다. 웨슬리에 의하면, 유아세례는 그리스도가 명령한 것이고, 초대교회부터 이어온 사도들의 실천이며, 교회의 오랜 전통으로 믿겨졌고, 성경에서도 충분한 근거가 있었다.[4] 웨슬리는 유아가 세례를 받아야 할 이유에 대해 다섯 가지 근거를 들어 설명한다.

첫째, 어린아이는 원죄와 죄책 가운데 놓여 있고 이 원죄를 해결하기 전에는 구원을 받을 수 없다.

어린아이도 원죄를 해결하지 않으면 영원히 진노와 형벌의 자식이 되고 만다. 그러므로 어린아이도 구원받기 위해서 반드시 세례를 받아야만 한다.

둘째, 어린아이도 하나님과의 언약과 복음적 언약 관계에 들어갈 수 있다.

이것은 아브라함의 자녀들이 어린 상속자라 할지라도 앞으로 소유할 재산의 권리를 가졌던 것과 같은 것이다. 그러므로 어린아이도 언약에 들어갈 권리가 있으며 세례는 그 언약의 증거이다. 그러므로 어린아이도 세례를 받고 하나님이 약속하신 복음의 세례에 참여함으로써 언약의 축복을 누려야 한다.

셋째, 어린아이도 그리스도께로 나아와야 한다는 것은 "어린아이들을 용납하고 내게 오는 것을 금하지 말라 천국이 이런 자의 것이니라"(마 19:14)라고 말씀하신 그리스도의 말씀에 입각한다.

이 명령은 현재뿐만 아니라 장차 올 미래까지 통찰한 것이다. 그러므로 어린아이는 그리스도께 나아오므로 환영받고 교회에 입교하여 하나님 나라의 시민이 될 권리가 있다.[5] 그러므로 어린아이도 세례의 합당한 대상이다.

넷째, 사도들도 어린아이들에게 세례를 베풀었다.

사도들이 때로는 온 가족에게 때로는 수천 명의 회중에게 세례를 베풀기도 했는데, 웨슬리는 그중에는 어린아이들도 포함되어 있었다고 믿는다.[6]

다섯째, 사도 시대 이후에 유아세례는 모든 장소, 그리고 모든 시대에 걸친 교회의 일반적 실천임이 분명하다.

유아세례는 초대교회에서부터 이어져 온 사도적인 전통이며 온 세계 교회 속에서 오랜 전통으로 그 정당성이 분명하게 입증되었다. 웨슬리에 의하면, 어린아이에게 부모가 중요하다는 것은 부모가 어린아이와 책임 있는 관계에 있다는 것일 뿐만 아니라 어린아이 자신이 중요한 존재라는 것을 의미한다.[7]

(4) 엄격한 규율과 교육의 필요

웨슬리의 학교 교육은 한마디로 '엄격한 규율'을 통해서 아이들이 습관과 정확한 규율에 순종하도록 아동 시절에 가르쳐야 한다는 것이었다. 그래서 학생은 학교에 입학할 때부터 학교의 모든 규율을 철저히 지킬 것을 서약했고, 부모들도 자녀들이 선한 모든 것을 배울 때까지는 집으로 데려가지 못하도록 했다. 학생들은 집을 떠나 엄격한 규율을 갖춘 학교 기숙사에서 생활하며 공부하게 했다. 그 결과 방종하고 규율이 없던 학생들이 규율에 복종하며 학업에 큰 진전을 보이게 됐다.

웨슬리의 엄격한 규율과 교육 원칙은 성공적이었다. 웨슬리 교육의 특징을 한마디로 요약하라고 한다면, 건전한 종교적 훈련과 완전하고 엄격한 규율 및 통제라고 할 수 있겠다. 웨슬리의 이와 같은 교육 사상은 웨슬리가 존 로크의 경험주의에 영향을 받은 어머니 수산나의 규율 교육에 의해 경험적으로 체득하였다고 볼 수 있다. 바꾸어 말하면, 존 로크의 교육 사상이 웨슬리의 어머니 수산나에게 영향을 끼쳤고, 어머니 수산나의 교육 실행이 웨슬리의 교육 실천에 영향을 미쳤다고 해석할 수 있다.

5) 교사에 대한 이해

웨슬리는 학습자를 교육하는 교사에 대한 교육 방법론에 많은 관심이 있었다. 웨슬리는 어린 시절에 어머니 수산나를 통해서 엄격한 규율 교육으로 성장하였기에, 규율 교육은 그에게 중요한 교육 방법이 되었다. 엄격한 규율 교육은 당시 로크의 사상에서 영향을 받은 것으로 보인다.

학생들에게 교육 방법론을 시행하는 교사에 대한 웨슬리의 이해에 대해 살펴보고자 한다.

교사에 대한 웨슬리의 이해는 매우 중요하다. 웨슬리는 교사를 채용하면서, 많은 시행착오를 거쳤다. 이런 과정을 통해 웨슬리의 교사론이 완성되었기에, 우리는 웨슬리의 교사론의 성숙도를 가늠해 볼 수 있다.

(1) 분별력 있는 교사의 채용과 시행착오

웨슬리는 킹스우드학교를 열정적으로 운영하는 가운데, 광신적인 교사들에 의해 학교가 혼란에 빠지기도 했다. 이 사건을 겪은 이후부터 웨슬리는 교사의 채용에 신중해야 한다는 원칙을 세우게 되었다. 이때의 사건을 킹스우드 부흥 사건이라고도 부르는데, 요약하면 다음과 같다.[8]

첫 번째 혼란을 부르는 부흥 사건은 1768년에 '힌드마쉬'(Hindmaesh)라는 교사에 의해 일어났다. 힌드마쉬는 위험한 사상의 복음주의자였고, 신앙 부흥을 위해서 감정적인 히스테리를 일으키기도 했던 교사였다. 1768년 3월 20일 두 소년이 하나님의 긍휼을 구하면서 크게 울며 통곡했다.

일주일 후에는 29명의 학생이 말할 수 없는 절규 속에서, 죄의 굴레에서 해방해 달라고 울부짖었다. 그 후에 그 학생들은 자유와 화평을 얻었다고 고백했다. 이 일을 관망하며 웨슬리는 이것이 하나님의 역사인 줄로만 알았다. 이 소문은 순식간에 퍼져나갔으며 학교의 인기는 날로 높아만 갔다.[9]

두 번째 사건도 힌드마쉬 교사에 의해 일어났다. 1770년 어느 날에 힌드마쉬 교사는 며칠 전에 죽은 시신을 보여주기 위해서 학생들을 데리고 갔다. 거기서 힌드마쉬는 어린 학생들의 감성을 자극하며 부흥회를 시작하고 아이들의 회개를 불러일으키려고 시도했다. 과민해지고 약해진 학생들이 열광적으로 부르짖고 죄 사함을 구했다.

이때 랜킨(Rankin)이라는 설교자도 이런 사건을 고무적으로 생각하며 "하나님과 화평을 갖기 전까지는 부르짖음을 쉬지 말라"고 권고하면서 계속하도록 종용했다. 아이들은 계속 부르짖다가 목이 잠겼고, 금식하고 기도하는 것을 일주일 이상 계속했다. 아이들은 기진맥진해서 거의 탈진 상태가 되고 부흥회는 끝이 났다.

세 번째 부흥 사건은 1722년 설교자 매더(Madder)에 의해서 일어났다. 매더는 더욱 강력히 모든 학생이 집단 히스테리 상태에 빠지도록 하는 데 성공했다. 학생들은 다음 날에도 처절하게 통곡하며 하나님의 구속과 용서를 구했다. 매더는 다음날 학교에서 한 광경을 보았는데, 서너 명이 두려운 듯이 눈을 뜨고 서 있었고, 나머지는 모두 무릎을 꿇고 이해할 수 없는 태도로 있었다. 웨슬리도 이 광경을 목격하면서 이런 사건들을 의심하기 시작했다.[10]

이와 같은 사건들은 교사들의 무지한 복음주의적 열정 때문에 청중의 감정에 호소하며 이성을 잃게 만드는 문제에서 발생했다. 그리고 이런 집단 히스테리를 성령강림의 징조이며 성령이 충만한 상태로 오해했다. 웨슬리도 한때는 이런 현상을 성령의 역사로 착각하기도 했다. 이 사건 이후부터 웨슬리가 좀 더 분별력 있는 교사를 뽑고, 올바른 교장과 교사를 채용하면서 학교는 정상을 되찾았다.

(2) 소그룹 교사 담임제(1:5 담당제)

웨슬리의 교육 방법론은 킹스우드학교에서 교사를 채용하고 운영했던 방법에서 찾아볼 수 있다. 웨슬리는 킹스우드학교 신앙 교육의 방법에서 교사의 역할에 대해 매우 중요하게 생각했으며 교사 자질의 중요성을 간과하지 않았다.

웨슬리가 킹스우드학교를 운영할 당시 학교에서 기숙하던 학생 수는 28명이었으며, 교사 수는 6명이었다. 이것은 교사 1명당 5명의 학생을 담당했다는 것이다. 웨슬리는 이것을 학생과 교사의 이상적인 비율로 생각했다. 학교 경영상의 문제를 고려할 때 5명씩이나 되는 교사를 둔다는 것은 어려운 결정이긴 하지만, 이것은 웨슬리가 경영보다 교육의 효과를 염두에 두었다는 것을 뜻한다.

당시에 킹스우드학교에서 교사의 역할은 각 학생의 영적인 상태를 진단하고 꾸준하게 그 학생들을 지도하는 것이었다. 교사는 학생들의 신앙 교육적 차원에서 큰 비중을 차지한다. 그런 의미에서 웨슬리에게 있어서 좋은 교사는 영성과 전문성을 겸비한 교사이다.[11]

(3) 교사의 자질

이에 웨슬리는 교사의 자질에 다음과 같은 것을 들고 있다.

첫째, 하나님께 헌신하는 마음이다.

웨슬리는 유능한 교사의 자질을 신앙심에 기준을 두었다. 웨슬리는 몸과 마음을 다하여 하나님을 영화롭게 하려는 사람은 매우 드물다고 생각했다. 신앙심이란 바로 하나님과의 관계를 말하는 것이다. 즉 하나님이 교사를 부르시고 교사가 살아계신 하나님을 나의 구주로 고백할 때, 비로소 교사에게 헌신하는 마음이 생긴다는 것이다. 이와 같은 기초적 자질을 위해 교사는 항상 영적인 관리를 해야만 한다. 달리 말하면 교사는 구원의 확신이 있어야 하고, 헌신의 마음이 요구된다. 교사는 전문성에 우선하여 자신에 대한 영성과 하나님과의 관계 문제를 관리하는 것이 필요하다.[12]

둘째, 학습자를 돌보는 마음이다.

교사를 채용하면서 웨슬리는 교사의 학문적인 측면만이 아니라 그 인격이 본받을 만한 것이었는가에 관심을 두었다.[13] 이것은 교사와 학생과의 관계에서 드러난다. 교사는 교육의 현장에서 학생들과 함께한다. 함께 일하며 살아갈 때 필요한 교사의 자질은 바로 사랑과 돌보는 마음이다. 학생들의 영혼을 사랑하면서 그 영혼을 돌보는 교사는 인격이 완성된 교사이다.

(4) 창의적 교수법의 열정을 가진 교사

학습의 현장을 역동적으로 이끌어 가는 창의적 교수법의 개발이야말로 학습자의 기초적 자질과 더불어 필수적인 자질을 향상시킨다. 앞서 말한 첫째 자질과 둘째 자질이 영성에 속한다고 본다면, 셋째 자질은 바로 전문성에 해당한다고 볼 수 있다.

기독교 교사에게 있어서 전문성의 진정한 능력은 바로 '예수 그리스도의 이름'이다. 하나님의 능력이 없는 교수 행위는 모방 행위와 더불어 자기 업적에 도취하고 만다.[14] 이런 점에서 볼 때, 웨슬리는 좋은 교사의 조건으로서 전문성과 더불어 신앙심을 함께 고려하였다. 그래서 웨슬리에게 있어서 진정한 신앙심은 교사의 필수적인 자질이다.

6) 교육 내용 및 방법

웨슬리의 실제적 교육 방법론은 코메니우스의 영향을 받은 것으로 보이는데, 코메니우스의 실물 교육이나 모든 사람에게 교육의 기회를 부여해야 한다는 범학교론 등이 웨슬리에게 영향을 끼쳤다. 웨슬리 교육의 가장 중요한 점은 신앙 교육이 중심이라는 것이다. 교육의 궁극적인 목적은 믿음을 통해서 하나님의 형상을 회복하고, 사랑과 봉사의 삶을 살아가도록 하는 것에 있다.

(1) 모든 교육의 중심이 되는 신앙 교육

웨슬리의 교육 내용의 핵심은 신앙 교육이 모든 교육의 토대를 이루고 있다는 점이다. 이러한 점은 그가 운영했던 킹스우드학교에서 어린 아이들을 입학생으로 받아들일 때 내건 조건 속에서 발견할 수 있다. 웨슬리가 설립한 킹스우드학교는 학생들을 받기 위한 몇 가지 조건을 내걸었다.

첫째, 어린아이들이 학교의 모든 규율을 잘 지켜야 한다.

둘째, 학부모들은 자녀들의 선의의 학습이 이루어질 때까지 자녀들을 하루 동안이라도 학교 밖으로 데려갈 수 없다.[15]

바로 이 두 가지 규율에 동의하는 12세 이하의 어린아이라면 기숙생이 될 수 있도록 하였다. 웨슬리는 아이들의 기숙학교 입학을 12세로 제한한 것은 바로 12세가 되기 전까지는 아이들이 나쁜 습관이나 나쁜 규율 등에 물들지 않았으리라고 여겼기 때문이다. 웨슬리가 정한 규정에서 예측할 수 있듯이 신앙은 성장 과정에서 가르치는 것이 중요하며, 이

때에 신앙 교육이 교육의 중심 속에 있어야 한다는 것이다.

또한 웨슬리는 어린아이들뿐만 아니라 모든 나이와 성별을 따지지 않고 모든 사람이 배워야 한다고 생각했다. 실제로 웨슬리는 킹스우드학교에서 이들을 나누어서 교육을 했다. 어른들은 아이들과 함께 배우는 것이 맞지 않았기 때문에 그들의 직업이 방해받지 않을 수 있는 이른 아침, 또는 오후 늦게 밀실에서 배우도록 했다. 이렇게 웨슬리는 성인 교육과 여성에 대한 교육을 통해서 가정이 바로 서며 올바른 자녀 양육이 이루어지도록 노력했다.

(2) 교육의 목적

웨슬리는 신앙 교육의 목적을 '하나님의 형상 회복' 또는 '그리스도의 마음을 품는 것'이라고 보았다. 즉 성경에서 말하는 그리스도인으로 훈련하는 것이다. 웨슬리는 오로지 성경만을 가르치는 것을 신앙 교육의 전부라고 생각지 않았다. 오히려 인간은 이성을 가진 존재이기에, 그 이성도 균형있게 발전할 수 있도록 교육해야 한다고 생각했다.

신앙 교육의 최고 목적은 하나님의 형상을 닮는 것이기 때문에, 하나님의 계시인 성경은 신앙 교육에서 가장 중요한 근거가 되며 이성적인 지식은 성경해석을 위한 유용한 도구가 된다.[16] 신앙 교육의 진정한 목적은 인간 중심적인 것이 아니라, 하나님 중심적인 것이다. 신앙 교육은 하나님과 함께 시작하며, 하나님의 인도 가운데 수행된다.[17]

인간은 태어나면서부터 모든 것을 아는 지식, 자기 자신과 다른 것과의 조화를 이루기 위한 덕성, 창조주를 의뢰하면서 영적 관계를 이룰 수 있는 신앙 또는 경건의 씨 등을 내재하고 있다.[18] 그래서 신앙 교육은 신앙적인 삶과 인간적 삶의 기층을 위한 지혜의 공급으로 이해해야 한다.[19] 신앙 교육의 가장 첫 번째 목적은 사람이 악에서 멀리 떠나고, 나약함과 우유부단함 등을 버리고, 하나님을 경외하며 성장하도록 돕는 것이다.[20] 그러기 위해서는 사람들을 생명을 주시고 구원하시는 하나님께 인도하고 그에게 응답하도게 해도록 도와야 한다.

하나님은 복음의 진리 속에 계시된 대로 하나님의 의지와 목적에 따라 스스로 이끌어 가시고, 모든 사람에게 자기 자신을 자유롭게 나타내고자 하시는 분이시다. 하나님은 지금도 사람을 찾으시며, 당신 자신이 사람들에게 임재하시기를 원하신다.

인간에게 있어서 최고의 의무는 바로 하나님의 뜻과 부르심에 대해 마음을 열고 응답해 나가는 일이다. 신앙 교육의 최고의 임무는 이렇게 하나님과 인간 사이의 관계가 원활하도록 인도하는 데 있다.[21] 이처럼 웨슬리에게 있어서, 부자에게든지 가난한 사람에게든지 필수적으로 실천돼야 하는 것은 확고한 신앙 교육이었다.[22]

웨슬리를 다른 측면에서 평가하자면, 그는 18세기 영국의 산업 혁명 이후에 가난한 무산 노동 계급에 속한 어린아이들의 교육을 위해서 가장 앞장서서 실천한 사랑의 신앙 교육가였다고 말할 수 있다.[23] 웨슬리는 그 당시의 소외 계층인 가난한 노동자 무산 계급의 자녀들을 구원하기 위한 신앙 교육에 교육 목적의 이상을 두었다. 또한 그는 신앙 교육이 부자에게 필요한 것처럼, 가난한 사람들에게도 사활이 걸린 필수 불가결한 것이라고 믿었다.[24]

웨슬리의 이러한 신앙 교육은 사랑과 믿음으로 성령의 인도하심을 따라 사랑과 봉사 속에서 그리스도의 완전하심같이 거룩해져야 하는 그리스도인의 완전을 성취하려는 데에 그 목적이 있었다.

(3) 교육의 방법

웨슬리의 일생은 전도자와 부흥사로 사는 삶이었다. 그러나 웨슬리가 행했던 전도 집회와 부흥회가 인간의 바람직한 변화를 목표로 하고 있다는 점에서 볼 때, 그의 생애는 교육의 생애라고 표현할 수 있다.[25] 그렇다면, 웨슬리는 이론적인 신앙 교육을 말한 것이 아니라, 오히려 실제로 학교를 세우고 교육을 실천한 교육 실천가라고 할 수 있다. 그는 참다운 교육을 하기 위해서 신앙과 교육의 일치를 시도했다.[26]

웨슬리의 교육적 관심은 계몽주의 시대 속에서 교육과 문화라는 토대 위에 세워진 기독교 신학의 틀을 탈피하여 진정한 기독교 신앙 위에 새롭게 신앙 교육을 세우는 것이었다.[27] 이러한 신앙 교육의 실제적인 내용은 하나님과 인간의 관계에 있어 필수적인 부분을 다룬다. 왜냐하면 인간의 생명은 하나님과 그리스도 예수 안에 있을 때 진정한 의미가 있으며, 세상의 모든 사람이 하나님과 바른 관계를 가져야 하는 이유는 하나님과 그분의 영광을 위해서 살아가는 것이 인간을 지으신 목적이기 때문이다.[28]

웨슬리의 교수 방법은 코메니우스의 교육 사상과 교수 방법론에 영향을 받았다. 코메니우스는 지식의 대상이라 할 수 있는 자연 세계 속의 모든 사물을 이해할 수 있는 새로운 우주관과 보편적인 규범을 창안하려 시도했다. 코메니우스는 우주의 자연 세계가 질서와 조화로 운행되고 있다는 확신이 있었다. 자연 속에 내재하는 영원한 모든 것들 사이에는 상관관계가 있으며 인간의 내면세계 속의 본유적 관념은 자연과의 조화를 이루고 있다. 코메니우스는 이와 같은 자연의 조화 원리, 즉 병행의 원리 또는 유사성의 원리를 근거하여 가장 독창적 원리인 '비교 유추법'을 창안해냈다. 이 방법은 부분들에 대해 전체와 다른 전체들과 적절하게 비교하여 유추하는 것을 표현하는 혼합적인 방법으로서 모든 사물을 가장 완벽하게 이해할 수 있는 수단이 된다.[29]

마찬가지로 웨슬리는 여호와를 경외하는 것이 지식의 근본이 된다는 사실을 알게 하려고 자연의 원리인 실물 교육 방법을 실시했으며 엄격한 신앙 교육 방법을 동시에 추구했다.

또한 웨슬리 자신이 먼저 학생들을 면담했고 다른 이들도 자신처럼 하도록 다른 사람들을 가르쳤다. 이 면담 시간에는 상담하고 기도하면서 격려하고 교훈하였으며, 성경 말씀들을 들려주려는 노력을 기울이며 신앙 교육을 시행하였다.[30]

웨슬리는 전 생애에 걸쳐 어머니 수산나의 가정 교육과 차터하우스, 그리고 옥스퍼드대학교 생활 등을 거치면서 교육 사상이 형성되었고, 무엇보다도 당시의 사상가인 루소, 로크, 코메니우스의 영향을 받았다고 볼 수 있다. 그리고 웨슬리의 교육 사상은 당시 불평등 교육과 심각한 교육 문제에 대해 새로운 교육 개혁을 시도했던 웨슬리의 교육 실천의 장인 킹스우드학교의 설립으로 꽃을 피우게 되었다.

이제 웨슬리의 교육 사상을 현대 교육에서 적용하는 방안을 생각해 보기로 하겠다.

2. 웨슬리의 교육을 현장에 적용하기

웨슬리의 교육은 일반 교육을 목표나 우선순위에 두지 않은 것이 분명하다. 그러나 웨슬리는 오직 종교 교육이 킹스우드학교 운영의 유일한 목적이 아니었음을 분명히 한다. 웨슬리는 가능적 존재로서 학습자를 깨우고, 하나님과의 만남을 통해 전인적인 그리스도인으로의 회복을 이루기 위해 지식 교육을 병행했다.

이런 의미에서 교육은 부족한 부분을 채워서 평범한 사람을 만드는 데 유일한 목적을 두어서는 안 된다. 그 사람의 적성과 특기 등을 사전에 발견하여 적성에 맞고 잘할 수 있는 부분을 더욱 발전시켜 그 분야의 전문가로 만드는 것이 제대로 된 선진국형 교육이라고 할 수 있다.[31]

그런데 우리나라의 경우 중·고등 교육에서, 개인의 특성과 능력은 무시되며, 그 학교에서 지정된 교과목만을 모두 똑같이 공부하게 되어 있다. 구조적인 문제점이 있는 것이다. 그리고 특정 학과에서 성적이 부진하게 나타나게 되면, 잘하는 부분은 내버려 둔 채, 보습 학원이나 고액 과외 강사 등을 쫓아다니며, 그 부족한 부분을 해결하려 애쓰는 모습을 많이 보게 된다.

교육은 생각과 마음이 하나 되는 전인적 교육이 되어야 하고, 삶과 앎이 어우러지는 교육이 되어야 한다. 웨슬리에게 있어서 이와 같은 교육이 중요한 관심사였다. 그는 실천적인 교육 구조를 위하여 단계적인 계획을 발전시켜 나가도록 했고 이론적으로 다른 사람에게 무엇인가를 가르치고자 하는 교육이 아니라, 학교 안에서 교사와 학생들 간에 창조적인 학습이 이루어지도록 시도하였다.

이렇게 볼 때, 웨슬리의 교육 사상은 현대의 교육에 많은 가르침을 주는 이정표가 될 수 있다. 현대의 교육은 웨슬리의 교육 사상과는 많이 동떨어져 있다. 대학에 입학하기 위한 성적 올리기가 교육의 핵심적인 관심사로 전락하고 말았다.

기독교적 세계관으로 교육하겠다던 미션 스쿨들마저도 세상의 공격 대상이 되고 있다. 학생인권조례로 인해 미션 스쿨에서는 기본적인 종교 교육이라 할 수 있는 채플조차도 의무화하지 못하도록 하는 것이 작금의 현실이다. 이런 상황 속에서 진정한 교육은 어디에 있으며, 웨슬리의 교육을 적용할 수 있는 현대의 장은 어디인가 고민할 수밖에 없다.

앞서 18세기 영국 사회의 모순점과 사회적인 부패의 총체적인 모습이 지금의 현실과 많은 유사점을 가지고 있다고 밝혔다. 이제는 웨슬리의 교육 혁신을 현대에 적용할 수 있는 접점에 대하여 고민해야 할 시점이다. 웨슬리의 교육 원리들을 적용한 실현 가능한 현대 교회 교육의 응용 모델은 다음과 같이 제시할 수 있다.

1) 웨슬리의 조기 교육과 현대 교육

한국 사회에 부는 교육의 열풍은 세계 어느 나라에서도 찾아보기 힘들다. 또한 조기 교육에 대한 열심도 과한 것이 사실이다. 초등학교 취학 이전의 어린아이의 조기 교육을 담당한다고 볼 수 있는 영어 유치원이나 영어 어린이집에 대한 부모의 선호도는 대단하다. 어린 시절부터 조기에 영어를 배우게 하여, 뛰어난 재원으로 성장시키겠다는 취지에서 부모들은 특성화된 조기 교육을 찾는 실정이다.

그러나 현대 조기 교육의 문제점은, 지식 교육이 아이의 인격과 인성에 아무런 변화를 줄 수 없음을 간과하고, 지식의 기술적인 부분만에만 접근한다는 점이다.

웨슬리는 어린 시절에 어머니 수산나에게서 "의지를 깨뜨림"의 교육을 받았다. 아이의 "의지를 깨뜨림"은 어리면 어릴수록 더 효과적이라는 점을 수산나는 명확히 알고 있었다. 자기의 욕심과 욕구를 꺾고, 하나님의 말씀에 따라 순종하며 살아가는 삶을 훈련하는 것이 "의지 깨뜨림"이다. 어린 시절부터 하나님 앞에서 자신의 의지를 깨뜨리는 아이가 성장하면서 전인적인 그리스도인으로 성장할 수 있다는 논지가 웨슬리의 교육 사상에 녹아 있다. 그래서 웨슬리가 6~12세의 아이들을 킹스우드 학생으로 받아들였다.

그렇다면 웨슬리의 조기 교육은 어린 시절부터 우수한 지식 교육을 시키고자 하는 한국 학부모들의 조기 교육과는 많이 다르다.

웨슬리의 조기 교육을 한국교회 교육에 적용하는 제언으로서, 교회학교 영아부를 위해 조기 "의지 깨뜨림"에 대한 콘텐츠의 개발하고 그것을 위한 영성 교육을 도입을 말할 수 있다.

교회학교에서 유아부 이전의 영아부로는 2~4세까지로 볼 수 있다. 주일 낮 예배시간에 맞추어 영아부 예배를 개설할 수 있고, 어린아이들을 지도할 수 있는 선생님을 통해 영아부를 운영할 수 있다. 영아부를 단지 예배를 드리러 온 부모들을 대신해서 놀아주는 부서로 인식하지 말고, 영아들에게 진행되는 교육이 그들의 평생 신앙 생활에 밑그림이 된다는 차원에서 접근해야 할 것이다.

2) 면담과 인성 교육

현재 한국교회에서 운영되고 있는 교회 교육 시스템은 상당한 어려움을 가지고 있다. 보편적으로 주일학교 예배 40분과 분반 공부 20분, 도합 60분으로 어린아이들의 일주일 간의 교회 교육이 형성된다. 1년을 52주로 치면 1년에 520시간으로 어린아이들의 교회 교육이 이루어지는 것이다. 이것은 월요일부터 금요일까지 상시로 이루어지는 학교 교육과는 비교가 되지 않는 미약한 시간이다. 교사가 주 1회의 분반 공부로 아이들과 교제하고 이야기를 들어주며, 그들을 전인적인 그리스도인으로 성장시킨다는 점에는 심각한 한계를 가지고 있다.

그렇다면 이에 대한 대안은 없을까?

웨슬리는 어린 시절에 가정 학교에서 어머니 수산나로부터 면담과 인성 교육의 방법으로 탁월한 교육을 받았다.

현재 기독교대한성결교회에서는 반(班)목회를 비롯한 교회 교육 문제점을 극복하기 위해 BCM(the Body of Christ Model)이라는 교육브랜드를 개발하여 활성화해 나가고 있다. BCM 소그룹 반목회 시스템은 한마디로 어린아이와 청소년들이 단지 교육의 대상이 아니라 목회의 대상이 되어서, 교회의 주요한 구성원으로 인정받고 교회의 사명을 감당하는 시스템이다. 다음은 유윤종 교육국장의 BCM 소그룹 반목회에 대한 설명이다.

> 주일뿐만 아니라 주간 중에도 신앙 교육이 BCM 소그룹 반목회를 통해 시행된다. 어린아이들도 분명히 한 사람의 성도이다. 그들도 목

회의 대상이다. 담임목사는 이들을 지대한 관심으로 양육하고 돌봐야 한다. 대부분의 교단 통계를 보면, 약 40% 정도의 교회에 교회학교가 없는 것으로 조사되었다. 그러나 교회가 작을수록, 교회학교는 없어도 어린아이 신자들을 대상으로 하는 목회는 더 잘 이루어질 수 있다. 담임목사가 직접 심방하고 양육하며 사랑으로 돌볼 수 있기 때문이다. 작은 교회의 목회자 중에서 학업이 끝난 후에 어린아이들을 교회로 모이게 하여, 함께 생활하면서 학업과 신앙 성숙을 동시에 돕는 사역을 감당하는 경우가 늘고 있다. 이런 경우에 장년 신자보다 어린아이 신자의 수가 2배 이상 되는 것을 본다. 이런 교회는 5년 후, 10년 후의 희망을 볼 수 있는 교회이다.

즉, BCM 소그룹 반목회는 교사가 아이들을 심방하고, 상담하고, 교육할 수 있도록 만드는 효과적인 시스템이다. 이처럼 교단마다 교회학교의 활성화와 교육의 효율성을 위한 프로그램과 콘텐츠들이 개발되어 시행되기를 기대한다.

3) 주말학교

월요일부터 금요일까지만 근무하고, 토요일과 일요일은 쉰다는 주 5일제 근무 제도가 점차 정착되어 가고 있다. 이런 사회 제도의 정착이 교회학교에 큰 어려움을 주는 것이 사실이다. 금요일 이후와 주일 사이에는 토요일이라는 휴일이 생기게 되자, 종전에는 주일에 당연히 주일학교에 참석하던 아이들도, 토요일부터 주일까지 부모와 함께 가족 여행이나 여가를 위해 교외로 떠나므로, 교회에 출석하기가 어려워졌다는 점이다. 그래서 제안하고자 하는 것은 주말학교, 즉 주일학교가 아니라 오히려 토요학교를 운영하여 교회 교육의 효과를 향상하자는 것이다.

웨슬리는 킹스우드학교를 설립할 당시 복음을 전하기 위한 목적으로 학교를 설립했다. 그러나 그들에게 병행해서 제공한 것은 양질의 지식 교육이었다. 이처럼 교회 교육을 목적으로 하지만 사람들에게 필요한 콘텐츠도 제공하여 효율성을 더하는 방법을 토요학교에 응용한다면, 이 것이 교회학교의 새로운 대안이 될 수 있다.

손원영은 주 5일제 시행에 관련한 '노는 토요일,' 즉 '놀토'에 대한 놀이신학의 재개념화가 필요하다고 말하면서, '놀토'는 기독교 교육의 목적을 실행하는 데 매우 중요하며 '놀이'야말로 놀이의 원형이신 하나님을 본받는 활동이고 하나님 나라를 이루는 형식이라고 밝히고 있다.[32]

주 5일제의 시행과 함께 자연스럽게 이루어지는 '놀토'에 대한 교회학교의 대응이 필요한 것은 분명한 사실이다. 대안으로서 예를 들자면, 한자 교실, 만화그리기 교실, 축구 교실, 영어 교실, 글짓기 교실 등 다양한 콘텐츠를 통해 토요일에 아이들이 교회에 와서 머물게 하고 도움을 얻을 수 있는 것들을 제공하고, 더불어 복음을 전할 수 있는 효과적인 방법을 개발한다면, 교회학교의 활성화에 큰 도움이 되리라 전망된다.

4) 그리스도의 군사 만들기

그리스도인으로 살아간다는 것은 이 세상에서 영적인 전쟁에 투입된다는 의미를 내포하고 있다. 즉, 믿는 사람들은 그리스도의 군사이다.

웨슬리가 킹스우드학교 교육을 통해서, 강력한 그리스도의 일꾼과 군병을 그들을 길러내려 했다는 점은 킹스우드의 일과표를 보아도 쉽게 드러난다. 학교는 기숙학교였고, 오락 금지되었으며, 철저한 경건 생활과 절제된 음식의 섭취 등이 있었다. 이러한 짜임새 있는 훈련의 모습은 그리스도의 군사를 만드는 사관학교 같은 느낌을 준다.

그리스도인의 영적 전쟁은 예나 지금이나 변함이 없다. 그러나 달라진 점이 있다면, 현대화된 사회는 더욱 복잡하고 다원화되었으며 모바일 기기의 혁명으로 인한 부산물들이 사람들의 관심과 마음을 빼앗을 만한 것들이 위험성을 가지고 있다는 점이다. 그래서 교회들이 경건의 모양은 있으나, 영적인 힘을 잃어가는 점을 볼 때 안타깝다.

따라서 현대 교회학교도 영적인 원리로 잘 무장된 그리스도인을 길러내야 한다고 본다. 이는 어린아이라도 예외는 없다. 오히려 어린 시절에 잘 훈련된 신앙 생활이 평생의 그리스도인으로 균형 있게 살아가는 힘이 되기에, 어린아이를 더 잘 훈련해야 한다.

다음은 기독교 교육 전문매거진 「기독교미래교육」 7·8호에 실린 '교육 현장탐방'에서 발췌한 내용으로서 교회학교의 영성 훈련이 잘 실행되고 있는 교회에 대한 소개이다.

> 평촌 ○○교회는 주일학교 아이들이 방언 기도와 통성기도를 하며, 강력한 은혜를 체험하고 있다. 방법으로는, 우선 교사들을 하나님을 경험한 교사들로 세우며, 방학을 이용한 수련회는 인원 동원에 부담을 느끼는, 가시적인 성과에 목표를 두지 않고, 참석한 아이들이 강력한 은혜의 체험을 할 수 있도록 영적인 부분에 관심을 두고 기획한다.

그래서 수련회에 참석하면, 뜨겁게 기도하고 은혜 받으며 성령체험을 하는 역사가 일어난다. 이렇게 영적으로 강력하게 훈련된 아이들은 수련회를 마치고 돌아와 교회학교에 복귀하였을 때, 강력한 그리스도의 군사로서 훈련되어 있는 것이다.

웨슬리가 교회 교육과 학교 교육이 병행된 킹스우드학교에서 학생들을 영적으로 강력한 그리스도의 군사로 길러낸 것처럼, 한국의 교회학교도 영적 훈련을 통해 영적인 힘을 갖는 그리스도의 군사를 길러낸다면, 한국교회의 미래는 밝을 것으로 본다.

5) 웨슬리의 소그룹 운동과 반목회

웨슬리는 위대한 교육개혁가일 뿐 아니라, 이미 웨슬리 연구를 통해 조명되어 오고 있듯이, 그는 탁월한 목회자, 신학자, 행정가, 설교자, 그리고 전도자이다. 웨슬리의 목회에 있어서 탁월한 방법론은 속회와 반회인데, 이것을 탁월한 교육 방법론으로 해석할 수도 있다. 요즘 현대에 있어 각광받으며 떠오르고 있는 셀이나 밴드가 웨슬리의 속회와 반회였다고 판단된다. 그렇다면 웨슬리의 목회 방법론으로 분류될 수 있는 속회와 반회가 교육 방법론으로 어떻게 적용될 수 있을지 생각할 필요가 있다.

감리교 운동이 처음 출발했을 때에는 신도수가 적었기 때문에 신도회는 '교회 안의 작은 교회'로서 역할을 했지만 신도회가 점점 커지고, 타 지방의 다른 신도회로 많이 확장되면서 신도회 내에서도 작은 교회 역할의 모임이 필요했던 것이다.

또한 소그룹의 조직들은 신도들의 영성을 개별적으로 지도하는 데 있어 매우 중요한 조직이었기 때문에 웨슬리는 신도회 안에 속회(Class)와 반회(Band), 그리고 선발신도회(Select Society) 및 참회자반(Penitents) 등의 작은 그룹을 조직하였고, 이를 통해 신도들의 영성을 지도하고 훈련했다.[33]

웨슬리가 조직한 소그룹의 목적은 신도들의 '완전한 성화'에 있었다. 그래서 소그룹에서는 신앙 생활에 필요한 의무들을 가르치고, 그 의무들을 실천하는 훈련을 시켰다. '완전한 성화'는 소수만이 아니라 모든 신도들이 도달해야 할 궁극적인 것이었기 때문에 모든 신도회원이 하나 이상의 소그룹에 가입하여 훈련을 받았다. 그렇다면 소그룹의 특성들에 대해서 살펴보기로 하겠다.[34]

먼저 반회(Band)는 5~10명 정도의 멤버로 구성되어 있으며 일주일에 한 번 정도 모여서 한 시간 반에서 두 시간 정도 예배를 드렸다. 이 반회의 목적은 그리스도인의 완전(Christian Perfection)을 이루고자 하는 신도들에게 도움을 주는 것이 목적이다. 그래서 반회의 규칙 및 훈련은 중세 수도원의 훈련을 응용하여 만들었고, 규칙과 질서도 엄격했다.

또한 모든 신도가 활동한 것이 아니라 신도회 신자 중에서 약 20% 정도만이 반회의 회원으로 활동했다. 모임 시간이나 출석은 매우 엄격하였고 이 모임에서 일어났던 모든 이야기는 비밀을 유지하는 것이 원칙이었다. 왜냐하면, 모든 회원은 자기의 영적 상태를 숨김없이 고백하였기 때문에 서로 영적 책임(Accountability)을 지고 있었기 때문이다. 각자의 완전 성화를 위해 뜨겁게 기도하고 서로 축복하며 이 모임을 마쳤다.

선발신도회(Select Society)의 모임은 반회보다 더 엄격하고 선별된 사람들을 위한 특별한 모임이었다.[35] 이 모임은 완전 성화에 가장 가깝게 도달한 신도들을 위한, 선별된 모임이다. 이 모임의 목적은 '그리스도인의 완전'이 증명되는 것이었다. 회원들은 각자 자신들의 은사들을 발휘하여 서로를 사랑하고, 숨김없이 자기의 죄를 고백하며 서로 감독했다.

이 모임은 매주 월요일에 모였는데, 이들은 각자가 무엇을 해야 할지를 잘 알았기 때문에 특별히 지도자를 세우거나 인도하지 않았고 어떤 특별한 규칙을 세워서 훈련한 것도 아니었다. 또한 이 모임도 반회와 같이 철저한 비밀 보장과 사소한 일에도 목회자에게 순종해야 하는 특징을 가지고 있었다.[36]

웨슬리의 목회는 이처럼 소그룹 운동에 그 특징이 있다고 볼 수 있다. 웨슬리의 소그룹 운동이 셀(cell)이나 밴드(band)로 현대 목회에서 응용되고 있는 것은 바람직하다. 단지 목회적 방법론이 아니라 교육 방법론으로 적용되어, 심도 있는 교육 성과를 이룰 수 있기를 기대한다.

3. SNS 시대와 교회 교육의 장

SNS 시대라는 말은 최근에 등장한 말이다. 이것은 전 세계를 그물망처럼 서로 연결하는 최첨단 문명의 산물이다. 이제는 모든 사람이 빠르게 연결되어 정보를 공유할 수 있다. 지금은 다원화된 의식과 사상이 공유되는 새로운 시대이다. 이런 시대에 과거 웨슬리의 교육 개혁을 진부한 과거사로 취급하려는 오만과 편견이 도사리고 있다.

그러나 분명한 것은 웨슬리의 교육 개혁은 현재 봉착하고 있는 교회 교육의 문제점에 대해 실마리가 될 수 있다는 것이다. 지금까지 살펴보았던 위대한 교육개혁가 웨슬리의 개혁 정신이 현대 기독교 교육의 장에서 어떻게 적용될 수 있는지에 대해, 교회학교, 미션 스쿨, 대안학교라는 교육의 장별로 나누어 살펴본 이후, SNS 시대와 미래 교육의 방향을 제시해 보고자 한다.

1) 교회학교를 통한 교육의 장

현대 사회는 종교 교육에서 심각한 문제점을 안고 있다. 학생인권조례로 인해, 학교 교육과 종교가 철저히 분리되어야 한다는 점과 학교 교육의 현장에서 종교가 강요되어서는 안 된다는 점이 핵심적인 문제점으로 대두된다.

그렇다면 웨슬리의 교육이 가장 확실하게 적용될 수 있는 장은 바로 교회학교이다. 모든 교회는 교회학교를 운영하는 것이 일반적 상황이다. 교회에서는 주일학교와 학생회와 청년회를 교회학교로 보고 있다. 이 교회학교에서 폭넓은 교육을 시행하는 것은 좋은 생각 같다.

웨슬리는 교회 밖인 킹스우드에 학교를 설립하여 신앙 교육을 바탕으로 일반 교육을 실천함으로써 교육의 평준화와 대중화에 이바지 했고, 그 결과 영국을 갱신시켰다. 이처럼 한국교회는 교회학교에서 단지 신앙 교육만을 목적으로 할 것이 아니라, 전인적 성장을 위한 대안 교육과 같은 프로그램 등을 병행하여 진정한 기독교 교육을 교회 안에서 실행할 필요가 있다.

따라서 현재 주 5일제 수업으로 인한 주말 활용을 위기로 볼 것이 아니라 기회로 활용하여 토요학교와 주일학교를 교회학교에서 실시하여야 한다. 그래서 전인적 성장을 위한 프로그램 및 영어 교실, 글짓기 교실, 과학 교실 등을 병행함으로써 일반 교육과 기독교 교육이 병행되는 좋은 기회로 삼는 것이 바람직하리라고 본다.

2) 대안학교를 통한 교육의 장

현대 사회에서는 교육의 부작용에 대한 반성들이 곳곳에서 일어나고 있다. 시험 문제의 정답을 찾아내어 좋은 학교로 진학하는 데 목표를 설정한 교육은 현대 사회의 큰 병폐라고 할 수 있다. 학교 교육의 현장이 입시 위주의 교육으로 철저히 전락했다는 것은 공공연한 사실이다.

이러한 반성에서 현대 사회에 떠오르는 또 하나의 교육의 장이 있는데, 그것은 바로 대안학교이다. 대안학교란 "공교육 제도의 문제점을 극복하고자 만들어진 종래의 학교 교육과는 다른 학교"이다.[37] 그 특징으로 네 가지가 있다.

① 작은 학급에 의한 인간성 회복
② 아동·학생의 수업 계획에의 적극적인 참여
③ 능력주의·경쟁주의 원리의 약화
④ 시민의 광범위한 지원[38]

대안학교는 인가 학교와 비인가 학교로 나누어지는데, 인가 학교는 학력을 인정받고 교육부의 통제를 받지만, 비인가 학교는 학력이 인정되지 않고 교육부의 지도를 받지 않는다는 차이점이 있다. 우리나라에도 현재에는 수많은 종류의 대안학교가 설립되었는데, 무분별하게 난립하여 문제점이 있기도 하다.

그러나 관심을 두고 잘 연구하며 고민하면, 성적 위주와 입시 위주의 교육적 모순을 극복하고 교육을 새롭게 할 수 있는 대안으로서 비인가 학교를 잘 활용할 수 있을 것 같다. 비인가 학교는 학력 인정의 문제를 검정고시로 해결할 수 있고, 전인적 성장에 교육의 목표를 설정하여 실행할 수 있어서 기독교 교육의 좋은 장이다. 이런 점에서 웨슬리 교육은 현대에도 적용될 수 있는 좋은 대안이 되리라 본다.

최근 교육 당국은 인성교육진흥법을 제정하고 공포하였다. 거기에는 학교가 의무적으로 인성 교육을 실시해야 한다는 조항이 있다. 이처럼 공교육이 그동안의 인성 교육의 실패를 시인하고, 인성 교육에 관심을 갖게 된 것이다. 그러나 제도권이 가지고 있는 교육의 모순점을 극복하기 위해서는, 웨슬리와 같이 신앙적 문제의식을 느끼고, 복음 교육과 지식 교육을 병행하고자 하는 건강한 정신이 바탕이 되어야만 한다.

3) 미션 스쿨을 통한 교육의 장

웨슬리는 킹스우드학교를 통하여 18세기 영국 교육의 문제점을 해소하고 새롭게 교육의 장을 열어가는 업적과 과업을 이루었다. 킹스우드를 통한 웨슬리의 교육은 지식 전달이 목적이 아니라, 하나님을 만나고 구원을 이루려는 방법으로 사용된 통로였다는 점에서 오늘날 미션 스쿨과 유사한 점이 많다.

그러나 웨슬리의 킹스우드 교육을 현대에 곧바로 적용하기에는 다소 문제점이 있어 보인다. 예를 들면, 종교 교육과 학생 인권의 문제가 사회적인 쟁점이 되었고, 미션 스쿨에서 종교 교육을 의무화할 수 없다는 판결들이 법정에서 이루어졌기 때문이다.

2010년 4월 22일에 대법원은 전원합의체 판결을 통해서 신앙의 교육을 목적으로 설립한 미션 스쿨이라 할지라도 그 학생들에게 신앙 교육을 강제로 시킬 수 없다는 판결을 했다.[39] 이번의 판결에서는 고교 평준화 제도와 관련한 강제 배정의 규정에 의해 학생 선발권을 박탈당하게 된 미션 스쿨과 학교 선택권을 박탈당하는 학생과의 관계에서 헌법 제20조 제1항 '종교의 자유'라는 기본권이 상충하고 있다.

이러한 상황에서 이 판결은 미션 스쿨이 학생 개인의 '종교의 자유'라는 한계를 역행하는 종교 교육을 강행한다면 이에 따른 손해 배상 책임이 있다고 하는 점을 명확하게 규정한 최초의 판결이다.[40] 이 판결로 인해서 미션 스쿨의 특성이라 할 수 있는 신앙 교육은 위축될 뿐만 아니라 미션 스쿨은 그 특성인 신앙 교육을 위해 새로운 대안을 찾아야 하는 도전을 받게 되었다. 미션 스쿨은 종교 교육과 지식 전달이라고 하는 두 마리 토끼를 다 잡을 수 있는 대안점을 찾아야 할 것이다. 이에 대한 대안점을 간단하게 제시해 보고자 한다.

첫째, 학생에게 학교 선택권을 보장함으로써, 종교적인 충돌이 일어나지 않으면서도 미션 스쿨의 종교 교육의 목적이 상실되지 않는 모색점을 찾아야 한다. 이것을 위한 연구가 필요하다고 생각된다.

둘째, 미션 스쿨의 목적에 따른 신앙 교육에 있어서 강제가 아니라 학생들이 자발적으로 참여할 수 있도록 하는 예배 콘텐츠의 개발과 갱신이 필요하다. 설사 비종교인이라 할지라도 예배라는 행위를 강압적이고 골치 아픈 의무감으로 느끼지 않고 오히려 감동적이며 자신을 돌아볼 수 있는 유익한 시간으로 여길 수 있도록 예배 콘텐츠를 갱신해야 한다. 그렇게 된다면 미션 스쿨의 종교 교육은 새로운 장을 맞을 것이며 그 고유의 특성을 잘 살릴 수 있을 것이라고 본다.

4) SNS 시대와 미래 교육의 방향

미래의 교회 교육은 어떤 방향으로 발전해야 할 것인가?

현대를 SNS 시대라고 말할 수 있다. 또는 포스트모더니즘 시대, 다원주의 시대라고도 부를 수 있다. 즉 절대적 가치나 진리를 주장하던 시대에서 상대적이고 다원적인 가치나 진리를 주장하는 시대가 도래한 것이다. 따라서 자기중심적인 가치관, 자기중심적 도덕 공동체에서 비자기중심성(non-egocentricity)으로의 전환이 요청되고 있다.

이것을 강희천은 강제적인 힘과 대비되는 개념으로 "창의적인 도덕 공동체"라고 일컬었다. 창의적인 도덕 공동체는 이기적인 성향을 넘어서 타인을 배려하는 삶을 뜻하는 것으로, 유사성보다는 다양성을 존중하고 강조하는 태도라고 볼 수 있다.[41]

창의적 도덕 공동체는 이렇게 설명할 수 있다.

> 창의적인 도덕 교육 공동체란 먼저 그 구성원들 사이의 공통점과 차이점(다양성)을 확인하고 인정하며, 더 나아가 도덕적 가치 판단과 실천에 있어 다양성 속에서의 통일성(unity in diversity)을 발견하는 데 필

요한 논리적 공간의 확장을 위해 함께 노력하는 집단이라고 정의할 수 있다. 이러한 자아정체성을 확립하도록 격려하고 촉진하는 도덕 교육 공동체를 형성할 수 있을 때야 비로소 도덕적 진보의 가능성을 기대해 볼 수 있다.[42]

다원주의 사회 속에서 상호 존중하고 타자를 인정하는 공동체를 만드려면 적어도 자아와 타자 사이의 완충 지대라 할 수 있는 "논리적 공간"이 확보되어야 한다는 말에 이견이 없을 것이다. 미래에는 강제나 강압이 아니라 서로 합의하고 서로 격려하는 공존적 사회를 만들기 위해서 "창의적 도덕 교육"이 절실하게 요구된다

이뿐만 아니라, 생명을 경시하고 자본을 우선시하는 상황에서는 그 무엇보다도 정신적 가치나 영성적 가치를 강조해야만 할 것이다. 그런 의미에서 "인간의 영성 교육은 인간이 영적 세계의 본질인 경건의 씨앗, 즉 '보편적인 마음의 빛'을 소유하고 있다는 전제에서 시작"해야 한다.[43] 모든 인간은 적어도 초월자 및 초월적 세계를 생각하고 있으며, 그들 안에 보편적인 영적 추구의 가능성이 있다는 것을 염두에 두어야 한다는 것이다.

향후 개신교가 나아가야 할 기독교 교육의 방향은 바로 영성에 토대를 두어야 한다. 그것이 근본주의적 태도를 지향하든, 아니면 진보적인 신앙 노선을 주장하든 마찬가지이다. 앞으로는 단편적인 목회적, 교육적 시각에서 벗어나 다시 하나님과의 일치를 추구하는 본질적인 신앙 자세로 나아가야 할 것이다.

기독교 교육은 인간의 경건성을 더 성숙시키고 모든 인간 안에 내재

하는 하나님의 형상을 회복하고 자각하도록 돕는 교육이 되어야 한다. 그렇게 함으로써 교회 안에서는 서로의 신앙을 나누고 교회 밖에서는 인류의 보편적 사랑을 실천하는 영성, 사회적으로 세상을 치유하고 섬기는 영성, 예언자의 사명을 감당하고 사회 정의를 실현하면서 세상을 변화시켜 나가는 영성 교육을 정착시켜야 한다.

따라서 종교 교육과 신앙 교육, 혹은 영성 교육은 따로 존재하는 것이 아니라 이미 교육학적 시선 안에서 인간과 사회 그리고 교회라는 일정한 범주를 다루는 전통적인 교육과 맞닿아 있다고 볼 수 있다.[44]

이에 대해 임창복은 다음과 같이 설파한다.

> 이러한 의미의 기독교 영성은 단지 그리스도인의 삶의 차원이 아니라 성령의 현존과 권능 안에서 살아가는 그리스도인의 삶이기 때문에, 기독교 영성 교육은 절대적으로 삶의 모든 차원과 관련되어 있다. 삶의 모든 차원이란 몸과 마음, 친교와 성, 일과 여가, 경제적 책임과 정치적 책임, 국가 생활과 시민의 의무, 의료 비용의 증가, 가난한 사람들과 국내외에서 부상한 사람들의 곤궁 등이다. 그러므로 기독교 영성 교육은 그리스도인의 모든 차원의 삶이 성령의 현존과 권능에 의하여 통합되고 변형되도록 도와야 할 것이다.[45]

더군다나 영성은 오늘날의 생명에 대한 관심, 즉 생명교육과도 밀접한 연관성을 지닌다. 교육은 인간과 자연이 어떻게 상생할 것인가를 가르치는 것이고, 교육의 목적은 생명의 시간을 만들어가는 것이다. 그뿐만 아니라 이제는 인간 자신의 생명의 가치에 대해서도 중요하게 생각하고 있는 바, 공공의 복지적인 측면 혹은 공공적인 생명에 대한 생활 교육과 지성적 교육을 간과할 수 없게 되었다.[46] 따라서 기독교 신앙 교육은 생명 공동체, 우주 공동체 형성을 위해서 인간과 자연이 어떻게 조화를 이루어야 할 것인가를 가르쳐야 한다.

더욱이 신자유주의가 만연된 시대에 사는 이때, 돈을 우선으로 하는 가치에 저항하는 대안적인 교육을 교회 안에서 실시해야 하고, 생명의 귀중함, 인간 그 자체의 정신적 가치의 중요함을 역설해야 한다. 인간과 인간의 사귐도 중요하지만, 인간과 자연의 사귐도 중요한 가치이다.

그 사귐이 우주적 가치가 되려면 먼저 인간과 인간이 서로 수단이 아니라 목적이 되게 하는 교육을 정착시켜야 한다. 모든 생명체는 살아야 하고 또 살아야 할 권리가 있다. 이른바 생명권에 대한 책임감과 함께, 그러한 생명과 더불어 공존하고 연대해야 한다는 것을 강조하는 데 미래 교육의 성패가 달려 있다고 해도 과언은 아닐 것이다.[47]

이에 대해 은준관은 다음과 같이 말한다.

> 진통(역사화)과 진통으로부터의 탈출(미래화) 사이에 이루는 역사의 변증 속에서 하나님 나라의 약속과 희망은 모든 인간과 모든 공동체를 계속 역사화하고 또 미래화하여 가는 구원으로 인간들을 초청하는 행위를 그 목적으로 삼는다. 그러므로 삶의 역사화와 미래화 교육은 새로운 인간 형성과 공동체 형성에 목적을 둔다.[48]

다시 말해서 이제는 하나님 나라의 현재와 미래 사이의 긴장 속에서 새로운 공동체, 새로운 인간상이 요구된다는 것이다. 이것은 단순히 하나님 나라라는 이데올로기의 유토피아를 말하는 것이 아니다. 더군다나 "삶의 역사화와 미래화의 기독교 교육은 그 목적을 인간이 꾸미는 이상사회 건설에 두지 않는다"는 말에서도 짐작할 수가 있듯이, 새로운 인간상을 바란다는 것 역시 유토피아적 인간을 만드는 데 목적이 있는 것이 아니다.[49]

이에 반해 "세계는 살리는 성령의 힘과 죽이고 파괴하고 살아갈 의욕과 힘을 빼앗아 가는 죽음의 힘 사이의 전투장이다. 학습자들이 죽음의 세력에 대항해서 싸우는 영성을 갖도록 교육해야 한다. 이제 기독교 교육은 인류와 창조세계가 총체적으로 삶의 위기에 직면하고 있다는 사실을 깊이 인식하고 파괴되어가는 삶과 생명을 살리는 일을 담당해야 한다."[50]

이것은 인간이 사회적 삶의 현장에서 죽음의 문화에 대해서 저항하고 적극적인 삶의 방식을 선택하도록 힘을 북돋워 주는 역할을 기독교 교육이 담당해야 한다는 것을 역설한 것이다. 단순히 유토피아를 꿈꾸며 그것을 교육적 가치로 삼는 것을 떠나서 자신이 처한 삶의 현장의 문제들과 적극적으로 직면하게 하는 것이 교육의 목적임을 분명히 한다.

이것을 위해서 일찌감치 "체제이론"을 교육학에 접목한 한미라는 교단 중심적 교회 교육을 지양할 것을 주장한다. "체제적 교회 교육은 정답을 듣는 것보다는 진보적인 질문을 하는 것에 더 관심을 둔다"는 그의 말에 힘이 실리는 이유는 우리가 처한 상황적인 문제들의 경우 어느 특정주의를 중심으로 하는 교회 교육은 이미 설득력을 상실했기 때문이다.

우리의 삶의 모든 법칙은 우주적인 창조 질서 안에 있으며, 우리는 사회와 교회라는 시스템, 그리고 그에 따른 상호의존적인 삶에서 조금도 벗어날 수 없다. 따라서 우리는 서로 연대해야 하고 예측되지 않은 미래에 대해서 적응할 수 있는 교육 과정이나 학습 과정 등을 개발해야만 한다. 그러므로 기독교 교육은 과정(process)이다. 왜냐하면 그것은 미래를 위해서 멈추지 않고 역동적으로 탐구하고 창조와 전환을 계속해야 하기 때문이다.[51]

따라서 가능한 한 미래 교육의 발전을 가져오기 위해서는 교파적 충성심을 넘어서야 한다. 그리고 사회 정의나 세계 사회의 기독교적 원리나 가치를 가르치기 위해서는 교파적 편견을 벗어나 연대하고 사랑하며 공동의 목적을 향해 나아갈 수 있는 용기가 있어야 한다. 그런데도 교파적 교육과 당파성에 매여 그것이 걸림돌이 된다면 사회적 진보를 이루기는 어려울 것이다.[52]

지금까지 연구한 웨슬리의 교육 사상을 종합하여 고찰하였고, 현대교회 교육에서 적용되어야 할 대안점에 대하여 생각해 보았다. 웨슬리의 교육 사상은 태동기와 성장기와 발전기를 거쳐서 진화되었다. 웨슬리는 어린 시절 어머니 수산나의 엄격한 교육과 차터하우스에서의 교육 현실의 모순점을 직접 경험하며, 교육 개혁에 대한 의식이 싹텄다고 볼 수 있다.

웨슬리의 교육 사상 형성에 영향을 미친 당시의 사상가로는 루소와 로크, 코메니우스이다. 웨슬리의 교육 사상을 학습자 이해, 교사의 역할, 그리고 교육 방법으로 크게 나누어 살펴보았다.

학습자 이해에 대하여는, 루소의 자연주의, 즉 학습자는 자연 상태로 돌아가는 것이 가장 전인적 교육의 이상적인 상태라고 보는 사상이 웨슬리의 사상에 영향을 미친 것으로 보았다. 가능적 존재인 학습자는 하나님의 형상을 따라 선하게 창조되었으나 죄와 타락으로 인간은 하나님의 형상을 상실하였다. 그래서 학습자는 하나님의 형상을 회복하는 전인적 성장이 필요하다고 본 것이다. 이는 라인홀드 니버(Reinhold Niebuhr)의 "가능적 존재"와 연관성을 가지는데, 학습자가 하나님의 형상 회복을 목표로 하여 불가능 속의 가능을 추구하는 교육이다.

다음으로 교사의 역할에 대하여 웨슬리는 킹스우드에서 많은 시행착오를 겪으며 교육 사상이 진화하게 되었음을 살펴보았다. 로크의 엄격한 규율 교육은 학습자의 올바른 전인적인 성장을 위해 필수적인 요소였으며, 이는 웨슬리의 교사 역할에 대한 실행으로 연결됐다.

코메니우스의 교육 방법론은 웨슬리에게 중요한 연구대상이 되었다. 웨슬리는 킹스우드학교를 설립하기 위하여 모라비안 학교들을 탐방하며 노력한 결과 코메니우스의 실물 교육 학습 방법론 등을 자신의 학교에 응용할 수 있었다.

이러한 웨슬리의 교육 사상은 당시 공교육의 문제점을 타파하고 혁신적인 교육 개혁을 추진하여 성공케 하는 도구가 되었다고 결론지을 수 있을 것이다.

덧붙이자면, SNS 시대로 함축되는 다원화된 사상의 홍수 속에서 효과적이고 모본적인 교회 교육을 말하기란 쉽지가 않다는 것은 분명하다.

웨슬리 당시의 인문주의와 르네상스 등으로 인한 사상의 개혁 혁명이 도화선에 불을 붙이듯 일어났던 점과 현대 포스트모더니즘 시대의 사상적 다원성이 크게 다르지 않은 것 같다.

다른 점이 있다면 현대화된 다원화 시대는 좀 더 복잡하고 유기적으로 얽혀 있는 변수들과 고도로 발달한 인터넷과 모바일 기술을 통해 빛과 같은 속도로 사상이 전달되고 공유되는 시대라는 점이다.

그래서 손쉽게 마녀사냥이 이루어질 수도 있고 거짓된 정보들에 의해 또 다른 피해자들이 왜곡된 정보들로 피해를 입을 수 있다는 위험성이 공존하는 시대이다.

예를 들면, 얼마 전 SNS를 통해, 전자레인지에 음식을 조리하면 신체에 치명적인 악영향을 미친다는 메시지들이 전해졌다. 이러한 메시지가 급속도로 퍼져나가서 대중 가운데 전자레인지를 통한 음식의 조리에 대한 혐오감이 나타났다. 심지어 대기업들이 이런 사실을 알면서도 매출 감소를 우려해 숨기고 있으며, 황금만능주의의 기업가들은 SNS상에서 판매를 위해 수단과 방법을 가리지 않는다는 메시지도 전파됐다. 즉 전자레인지를 구매하지 말고, 인스턴트식품을 거부함으로써 소비자를 속이는 이들을 복수(?)하자고 종용한 것이다. 그러나 결국 사실과 전혀 관계없는 유언비어라는 발표가 나왔다. 이런 경우를 보면, SNS를 통해 얼마나 거짓 정보와 참 정보들이 빠르게 유통되고 있는가를 알 수 있다.

그러나 SNS 시대의 문화를 거부만 할 수는 없는 노릇이다. 교회는 SNS의 해악을 부각시킬 것이 아니라, 정보에 대한 바른 판단력에 대한 교육과 더불어, 스마트폰 중독 등에 대한 유익한 교육을 통해 스마트 계몽 문화를 조성해야 한다. 특히 스마트폰 문화의 긍정적인 차원을 효과적으로 활용해야 한다. 밴드, 카톡, 페이스북 등을 심방과 교제의 도구로 활용하고, 복음이 흘러갈 수 있는 아름다운 매개체로 활용해야 한다.

제7장
웨슬리의 교육과 4차 산업 혁명

1. 웨슬리의 교육 혁명

　웨슬리는 믿음의 후손들에게 있어서 신앙의 위대한 선배요, 지도자이며, 그리스도의 복음을 통해 삶의 실천과 변화의 위대한 길을 제시한 스승임이 틀림없다. 그가 걸어왔고 실천해 왔던 삶과 사상은 웨슬리안(Wesleyan)이라는 새로운 크리스천 스타일을 이루었다. 그가 추구하던 신학은 웨슬리 신학이라는 이름으로 계승되고, 전승되었다. 그가 기독교에 있어서 끼친 신학과 신앙적 실천에 관한 영향력은 누구도 부인할 수 없는 것이 사실이다.

　그러나 필자는 웨슬리의 신학적 성과와 신앙적 모범 외에, 웨슬리의 교육개혁가로서의 위대한 성과에 대해서 할 말이 많다. 지금까지 웨슬리의 교육 이야기를 통하여 그의 교육 개혁에 대한 배경과 교육 사상 형성의 전체적 과정을 언급하며, 고찰해 왔다. 그리고 교육 개혁의 혁신적 실천을 위해 웨슬리가 설립하여 교육의 장을 펼쳤던 킹스우드학교와 그 교육 과정에 대한 전반적인 부분을 살펴보았다.

그의 교육 개혁은 다음과 같은 면에서 가히 혁명이라고 부를 만하다.

첫째, 웨슬리의 교육 개혁은 당시의 교육에 대한 사고와 경향을 과감하게 바꾼 위대한 사건이다.

당시, 교육이라는 개념은 지배 계층의 계승을 위한 교육과 피지배 계층에 대한 최소의 교육이라는 경향을 가지고 있었다. 예를 들자면, 지배 계층에 대한 교육은 귀족 계급의 자녀들이 부모로부터 물려받게 되는 귀족으로서의 지위와 지배하는 데 필요한 학습들이었다. 그리고 피지배 계층에 대한 교육은 지배를 받기 위한 기초 지식을 전달하는 것이 목표였다.

그러므로 당시 귀족의 자녀들은 지배 계층으로서의 지위를 유지하기 위한 목적을 가진 특권층 교육이 필요했던 것이다. 또한 피지배 계층은 지배받는 데 필요한 최소한의 교육을 받음으로써, 삶에 대한 새로운 갱신이나 사고의 갱신 등에 대해서는 생각조차도 할 수 없는 불평등의 숙명을 살게 만들었다. 피지배 계층은 교육 불평등을 감내하는 것이 당연한 숙명이었다.

이러한 점에서 볼 때, 웨슬리의 교육 개혁은 불평등의 숙명 앞에 놓여 있던 대중들에게 양질의 교육을 제공함을 통해 교육 불평등을 해소하고, 새로운 미래에 대한 준비와 갱신의 기회와 도약의 길을 열었다는 점에서 혁신이었고 혁명이었다.

둘째, 웨슬리의 교육은 인간의 존엄성과 하나님의 창조 목적을 환기하는 교육이었다는 점이다.

하나님은 최초의 인간이었던 아담을 창조하시고 독처하는 것이 좋지 않으므로(창 2:18) 하와를 그의 배우자로 삼으셨다. 또한 에덴 동산을 창설하시고 그 동산에서 아담과 하와가 함께 있게 하셨다. 하나님은 아담이 에덴에서 하나님과의 온전한 교제를 누리게 하시고, 아내인 하와와 온전한 관계를 누림과 더불어 에덴 동산에서의 모든 동물과 온전한 기쁨의 관계를 누리기를 원하셨다. 즉 하나님의 형상으로 지음을 받은 아담이 하나님과의 교제, 하와와의 교제, 그리고 에덴에 있는 동물들과의 교제, 자연환경과의 교제를 통해 온전한 기쁨을 누리는 것을 원하셨다.

그러나 선악과 금지 명령을 어긴 인간에게 일어난 일들로 인하여 함께 교제를 누리며, 기쁨을 누려야 할 대상들과의 관계가 파괴되었다. 왜 선악과 금지 명령을 어겼느냐는 하나님의 질문에 대하여 아담은 하나님께 책임 전가를 했다. 즉 하나님이 주셔서 함께 있게 한 하와 때문에 선악과 금지 명령을 어겼다는 답변을 했다. 하와는 하나님이 창조하셨던 피조물인 뱀 때문이라고 책임 전가를 했다.

하나님의 지으신 피조물로서 최고의 기쁨과 행복 속에서 관계를 누려야 할 아담은 하나님과의 관계가 단절되었고, 하와와의 관계가 단절되게 되었고, 뱀과의 관계가 단절되었다. 에덴에서 방출된 인간의 삶은 진정으로 안타까운 운명을 맞게 되었으며, 깨어진 관계를 통해서 인간은 평화의 관계라기보다는 억압과 착취, 지배와 피지배라는 관계 속에서 살게 되었다.

실낙원의 인간에 대한 해결의 방법이 이 땅에 오신 그리스도 예수에 의한 회복이 인류의 구원이라면, 구원자 예수님의 복음으로 말미암는 회복이야말로 인간의 존엄성을 회복하는 길이며, 하나님의 창조 목적을 회복하는 길이며, 이러한 사실은 너무나 중요하다.

웨슬리는 복음을 통한 인간의 존엄성 회복과 하나님의 창조 목적에 대한 환기를 통해, 사람이 어떻게 살아야 하는가의 문제에 다루는 것을 교육의 근본적인 목적으로 삼았다. 그래서 웨슬리는 복음에 철저히 입각한 교육을 통해 인간의 존엄성과 창조 질서를 회복하는 것을 교육의 목표로 삼았고, 이를 위해 대중을 교육하고 갱신시키는 교육 개혁을 시도했고, 성공적으로 이루었다.

셋째, 웨슬리의 교육 개혁은 학습자에게 최대의 효과를 주기 위해 교육 방법론을 연구하고 교수법을 개발하던 모습에서 그 중요성을 찾을 수가 있다.

효과적인 교육을 위해서 먼 거리를 마다치 않고 여행을 하며 교수법을 연구하고 응용하고 습득했던 웨슬리의 모습에서 교육에 대한 열정을 찾아볼 수 있다.

예나학교를 방문하여 교수법을 연구하고, 코메니우스의 교육 사상과 교육 방법론에서 시청각 교육의 최대 효과를 활용한 웨슬리의 교육 성과들은 킹스우드학교라는 교육의 장에서 여실히 드러났다. 가르침에 있어서, 학습자가 이해할 수 있도록 눈높이를 맞추고, 많은 노력과 연구를 통해 교수법의 개발에 전력을 다했던 웨슬리의 헌신은 현대 교육의 현장에서도 모본이 된다. 한마디로 그의 교육 개혁은 학습자 위주의 눈높이 교육이라는 점에서도 선구자적인 역할을 하였다고 볼 수 있을 것이다.

그러므로 웨슬리의 교육 개혁을 혁명이라고 부를 만 하다.

2. 미래 교육의 전망

현대의 교육에 있어서, 웨슬리의 교육이 상기되고 관심을 끌게 되는 이유는 앞에서 밝혀 온 바와 같이 웨슬리의 교육 혁명이 당시 웨슬리가 살아가던 시대의 상당히 많은 부분에 영향을 미쳤고, 그 성과가 주목받기 때문이다. 그 시대의 문제점과 현대가 안고 있는 문제에 대한 유사점을 발견하여 밝힘으로써 웨슬리의 교육 사상이 현대와 미래의 교육에 대한 원리에서 해법들을 찾을 수 있으리라는 기대감이 있다.

현대의 교육 현장은 3차 산업 혁명의 시대를 지나 4차 산업 혁명이라는 새로운 관문 앞에 서 있다. 포스트모더니즘이라는 새로운 시대적 흐름과 더불어 4차 산업에 대해 고민하는 시대에 봉착해 있는 것이다. 4차 산업은 단순한 컴퓨터를 통한 산업 혁명이 아니라, 컴퓨터와 인공 지능을 통한 융합 혁명의 시대이다. 4차 산업 혁명의 시대의 대두되는 문제는 인공 지능이 탑재된 컴퓨터에게 일자리를 내주게 된 인간을 위한 복지 문제와 로봇세 등에 대한 것이다.

급변하는 변화 속에서 교육의 문제는 또 다른 고민거리와 실마리를 제공하게 된다.

앞으로 미래 교육은 어떻게 준비해야 하며 어떠한 방향을 추구해야 하는가?

이것은 새로운 숙제이다. 정부에서는 입시 위주의 현대 교육으로 인해 상실되어 가는 인성의 문제와 점점 더 상실되는 인간성 회복에 대한 대안으로 인성 교육에 관한 법률을 입법하여 시행하고 있다. 이러한 시점에서 우리의 미래에 대한 교육은 어떠해야 하는가에 대한 전망은 너무나도 중요한 문제가 아닐 수 없다.

웨슬리의 교육 사상을 통해서 얻을 수 있는, 미래 교육의 대안과 전망을 살펴보고자 한다.

1) 노하우(Know-How)에서 웨어하우(Where-How)의 시대로 전환되는 미래

미래 교육의 트렌드는 노하우(Know-How)라는 개념에서 웨어하우(Where-How)라는 개념으로 변화되어 가고 있으며, 미래의 교육의 트렌드는 더욱더 진화를 거듭하리라 본다.

그동안 인류의 삶은 노하우를 획득하면 충분한 경쟁력으로 승부를 누리는 시대였다. 과거와 현재까지는 가업이라는 개념이 훌륭한 경쟁력이었다. 가업이라는 개념은 대를 이어 노하우를 축적함으로써, 최상의 품질을 유지한다는 개념이었다. 가령, "삼 대째 운영하는 설렁탕집"이라는 간판은 상당한 신뢰감과 맛에 대한 독특한 믿음을 충분히 반영한다. 그 가문만의 설렁탕을 끓이는 노하우가 삼 대째 축적이 되었으니, 얼마나 맛이 있겠는가 하는 믿음을 준다. 즉 노하우는 비법의 축적에 대한 신뢰감을 형성한다.

그러나 노하우(Know-How)라는 개념에서 웨어하우(Where-How)라는 개념으로 진화되어 간다. 물론 전통적인 면에서는 노하우(Know-How)가 지속적인 경쟁력을 가지는 것이 분명하겠지만, 웨어하우(Where-How)라는 개념은 광범위한 면에서 설득력을 가진다. 즉 현대는 인터넷의 발달로 인해서, 노하우(Know-How)가 보편화된 정보가 되는 시대가 되었다는 것이다. 검색을 통해서 얼마든지 노하우를 습득하는 시대가 열리고 있다. 웨어하우의 시대는 어디에 있는지만 알면 무엇이든지 얻을 수 있는 빅데이터(big data) 검색의 시대, 페이스북이나 블로그 등을 통해서 노하우가 공개되어 찾기만 하면 찾을 수 있는 시대이다.

얼마 전 필자는 목회계획의 수립을 위해 교회 건물을 리모델링하는 상황을 가정하여, 약간의 계획 수립을 위한 정보가 필요한 적이 있었다. 가정집 건물을 리모델링하여 교회로 사용한다는 가정하에 건물의 외벽을 교회의 이미지로 변신하려는 계획에 있어서 소요되는 비용을 예상할 필요가 있었다. 부족한 예산으로 인해 최소의 비용으로 최대의 효과를 보기 위해서 고민하다가 인터넷에서 정보를 검색했는데, '사이딩'이라는 재질을 사용하면 전문가가 아니어도 최소의 비용으로 건물의 외벽을 직접 시공을 할 수 있다는 사실을 알게 되었다.

인터넷 검색을 통해, '사이딩' 재질을 사용하여 건물 외벽을 개조한다면 서구식 이미지의 깔끔한 분위기로 건물을 바꿀 수 있다는 사실과 실제로 시공했던 사례를 알 수 있었다. 또한 인터넷 블로그를 통해 전문가가 아님에도 스스로 사이딩 시공을 성공적으로 완료했던 사진과 시공의 방법을 사진으로 자세하게 설명한 정보들을 만날 수 있었다.

게다가 '사이딩' 건축 자재의 비용이 얼마이며, 어느 정도 분량을 시공할 수 있는지에 대한 정보까지도 쉽게 알 수 있었다. 자세한 정보를 조사를 통해, 전문가에게 문의하여 견적을 받은 비용보다 직접 시공했을 경우에 수천만 원 이상의 비용을 절감할 수 있다는 사실을 알게 되었다. 전문 업체에 맡기지 않고, 직업 인부를 고용하여 시행하였을 경우에, 저렴한 비용으로 공사가 가능하다는 점도 알게 되었다.

여기서 정보가 돈인 시대라는 것을 절감했다. 요즘은 DIY(Do It Yourself)라는 개념이 생활 속으로 깊숙이 다가와 있다. 상당한 비용 절감과 더불어 새로운 분야를 참여하여 경험할 수 있는 매력이 있다. 이제 인터넷 검색을 통해 그동안 전문적인 부분으로 취급됐던 노하우를 습득하여 자기 스스로 시도할 수 있게 되었다. 이러한 점에서 정보가 보편화된 시대라는 것을 실감하게 된다.

2) 전문가 중심에서 유저 중심으로

전문가에서 유저(User)로 무게의 중심이 변동하는 시대가 되었다. 과거에는 프로그래밍을 학습한 프로그래머라는 전문가에 의해서 프로그램이 개발되었다. 그러나 미래에는 전문적인 기술들이 패킷화(Packetization)되고, 유저들이 간단하게 패킷화된 도구를 활용하여 필요한 부분을 간단하게 코딩할 수 있는 기술들이 보편화된다는 것이다. 예를 든다면, 필자는 몇 해 전 필자의 작품을 설명하기 위해, 만화를 삽화로 넣기를 원했지만, 적절한 방법이 없어 어떻게 해볼 수가 없었다.

그러나 인터넷에서 '만화 그리는 프로그램'을 검색하니, '코미코'라는 프로그램이 검색되었고, 다운로드 받아서 설치한 후 실행했다. 필자가 프로그램의 간단한 사용법을 숙지한 후에는 그 프로그램으로 원하는 만화를 전문성 있고, 쉽게 그리는 놀라운 경험을 하게 되었다. 추후 미래는 점점 더 패킷화가 심해져서, 전문가 중심에서 유저 중심으로 무게의 중심이 이동하게 된다고 한다. 아이디어만 있으면 자기 생각들을 보다 쉽게 널리 실현하는 시대가 열릴 것이다.

3) 복고적인 성향으로 환원되는 교육 기능

맥킨지 글로벌(McKinsey Global) 연구소장인 조나단 워첼(Jonathan Woetzel)은 2017년 4월 13일, 4차 산업 혁명의 강연에서 2050년이면 인간의 일자리를 인공 지능(AI)과 로봇으로 대체할 수 있다고 말하면서, 2050년에는 지금의 일자리의 절반 정도가 사라지게 되리라 전망했다. 기능적인 차원에서 인간의 일자리를 로봇으로 대체하는 것은 시간적인 문제이며, 인간의 삶에 대한 미래가 예측 불가능한 시대를 향해 달려가고 있는 것 같다.

그러나 4차 산업 혁명과 미래 전망에 대한 여러 연구 기관의 보고서 등을 보면, 또 다른 이면을 예측한다. 즉 시대가 변해도 로봇이나 인공 지능으로 대체할 수 없는 부분은 반드시 있다는 것이다. 컴퓨터나 인공 지능, 그리고 로봇으로 할 수 없는 인간만의 독특한 가치가 미래의 새로운 경쟁력이라는 것이다.

가령 로봇의 기술이 아무리 발달해도, 이태리 장인이 한 땀 한 땀 손으로 지은 옷의 가치는 로봇의 것으로 대체할 수 없다는 것은 분명한 사실이다. 또한 미래에도 사라지지 않는 가장 경쟁력 있는 직업으로 성직자가 뽑혔다는 점도 상당히 고무적인 일이다. 즉, 로봇이 흉내 낼 수 없는 경쟁력은 인간 자체의 가치와 존엄이다. 이것이 가장 중요한 가치가 된다는 것이다.

그렇다면 교육에서도 인간의 존엄, 인간 자체의 가치, 인간성, 윤리, 도덕, 인성 등이 최고의 관심거리가 될 것이라는 점이다. 그러므로 미래 교육의 가치는 복고적인 성향으로 환원되면서, 기계화되지 않는 인간성은 시간이 지나도 변할 수 없는 중요한 분야가 될 것이다.

　미래에 대한 교육 분야의 전망은 말할 수 없을 만큼 폭넓은 범위를 가지고 있으며, 인공 지능이나 로봇으로는 결코 대체할 수 없는 인간만의 가치는 미래 교육에 대한 많은 연구와 광범위한 과제를 예고한다.

3. 4차 산업 혁명 시대

　구글 딥마인드(Google DeepMind)가 개발한 인공 지능 바둑 프로그램인 알파고(AlphaGo)는 프로 바둑 기사로 명성이 있는 이세돌 9단과의 2016년 3월 9, 10, 12, 13, 15일에 열린 5번의 대국에서 4 대 1로 승리하는 사건이 있었다. 이 사건은 세계의 관심을 끄는 충격적인 사건이 되었다. 이 사건은 인공 지능 프로그램이 인간의 지능을 이길 수도 있는 4차 산업 혁명의 시대가 도래하고 있다는 점을 체감하는 사건이 되었고, 현대의 과학 기술이 4차 산업 혁명의 초입에 와 있으며, 변모하게 될 미래에 대해서 대비하고 준비해야 한다는 점을 각성시킨 것 같다.

　이제 우리의 미래는 예측할 수 없을 만큼 놀랍게 변하고 있다. 교육 현장 역시 미래 교육에 대한 대비가 필요하다는 사실에 대해 동의하게 된다. 그렇다면 기독교 교육의 분야에 있어서 미래에 대한 교육의 대안은 무엇일까에 대해 생각해보고자 한다.

1) 스마트폰과 멀티미디어를 통한 교육의 전문성과 영성의 융합

과학 기술의 급격한 발달은 현대의 삶은 급속도로 변화하고 있다. 1990년 초 잠시 유행했었던 통신 수단은 일명, '삐삐'라는 기기였다. 호출하는 이가 연락을 요청하는 전화번호를 남기게 되면, '삐삐'라는 기기에서 호출을 요청하는 전화번호가 찍히게 되었고, 공중전화나 유선전화를 통해서 호출한 사람에게 연락을 취하였다.

그 후 휴대폰이라는 장치가 무선 통신 시장을 장악하게 되었다. 그때 휴대폰은 단순히 무선으로 휴대하며, 언제든지 전화를 걸 수 있는 장치였다. 휴대폰이 점점 소형화되고 기술이 집약되면서, 휴대폰으로 사진을 찍거나 음악을 들을 수 있게 되었다. 그 후 휴대폰이 더 진화하여 스마트폰으로 바뀌게 되었다.

스마트폰에 운영체제가 탑재되었고, '앱'(APP)이라는 이름의 프로그램을 다운로드 받아 사용하게 되었다. 다양한 앱의 출시로 인해 스마트폰은 진정한 멀티미디어 기기로 진화하여 현재에 이르게 되었다. 이제 스마트폰은 현대인의 필수 도구가 되었고, 24시간 내내 인터넷과 연결되어 SNS를 통해 정보 교류가 가능하게 되었다. 앞으로 스마트폰에는 인공 지능이 탑재되어 상상도 못 할 만한 기능들을 하게 될 것이다.

그렇다면 기독교 교육이라는 범주에서 스마트폰은 결코 별개로 무시할 수 없을 만큼 중요한 역할을 하게 될 것이다.

미래 기독교 교육의 현장은 주일날 교회학교라는 예배 공간에서 이루어지는 교회 교육의 장으로 국한할 수 없다는 점은 누구나 동의할 수 있을 것이다. 미래 기독교 교육의 현장은 스마트폰을 통해 소통할 수 있는 멀티미디어의 모든 활용이어야 한다. 이제 교육과 영성이 스마트폰과 멀티미디어를 통해서 융합되는 시대가 열리게 된다는 것이다.

기독교대한성결교회 교육국에서 개발하여 실시하고 있는 BCM(the Body of Christ Model) 소그룹 반목회는 '그리스도의 몸'이라는 교육목회 아이디어를 구현하고 있다. 교회학교 교사가 일주일간 학생들에 대해서 반목회를 이루어 나간다.

기독교 교육 현장은 주일날 교회학교 예배를 통해서 이루어지는 목회가 아니라, 교사에 의해서 일주일의 삶이 학생들과 연결되어야 한다는 점을 주목해야 한다. 교사와 학생들 간의 일주일간의 지속적인 연결이 365일로 이루어지는 목회 시스템은 미래 교육 목회에 있어서 중요한 가치를 지닌다고 할 수 있다. 스마트폰과 멀티미디어는 교사와 학생이 항상 연결되어 소통과 교제를 누리게 하는 중요한 매체인 것이다.

또한 스마트폰과 멀티미디어의 문화는 예측되는 미래의 상황이다. 교사와 학생과의 지속적인 연결은 교육과 영성의 연결이라는 미래 교육 목회의 수단으로 부상되게 될 것이다. 스마트폰의 진화의 속도는 가속화될 것이기에, SNS를 활용한 밴드 목회는 미래 교육 목회에 있어서 중요한 매개체가 될 것이다. 교회학교의 교사는 밴드를 통해 개설된 반목회의 공간으로 학생들을 연결시켜서 언제든지 큐티, 메시지, 잡담, 심방, 교육 등을 행함으로 학생들과 더욱 가까워진 친밀감으로 반목회를 할 수 있을 것이다.

2) 4차 산업 혁명에 대한 이해

제46차 세계경제포럼(WEF)이 2016년 1월에 열렸다. 다보스포럼(Davos Forum)이라 명명된 이 포럼의 주제는 '제4차 산업 혁명의 이해'였다. 이 포럼은 특별한 사람들에게만 참여의 기회가 주어지는 학술대회였는데, 이 대회에 많은 관심이 집중되었다. 대회의 창립자이며 회장이었던 클라우스 슈밥(Klaus Schwab)의 저서인『제4차 산업 혁명』은 과학기술을 통한 신기술로써 '디지털기기와 물리적 환경의 융합'이 이루어지는 새로운 시대에 대해서 전망하였다.

또한 앞에 언급했던 2016년 3월에 있었던 인공 지능 프로그램인 알파고와 바둑기사 이세돌과의 대국에서 인공 지능 알파고가 이세돌을 이긴 사건이 사회의 중요한 관심사가 되어 4차 산업 혁명에 대한 신드롬에 불을 붙이는 도화선이 되었다.

4차 산업 혁명의 핵심 키워드는 인공 지능, 3D 프린팅, 자율주행 자동차, 사물인터넷, 바이오테크놀로지 등이다. 한국의 저널리즘들이 4차 산업 혁명과 함께 새롭게 열리는 미래의 변화에 대해 경쟁적으로 기대와 우려의 목소리를 내게 되면서 이는 대중적 쟁점이 되었다. 다보스포럼은 전 세계에 '고용문제에 있어서, 인간의 일자리를 로봇이 대체하게 되는 현상,' '전문가에 의한 서비스의 종말에 대한 전망' 같은 충격적인 위기의식을 전파하고, 선진국들에 미래 기술에 대한 투자와 기회를 선점하고자 하는 동력을 제공했다는 면에서 대성공을 거두었다고 할 수 있을 것이다.

고용과 관련하여 1차, 2차 산업 혁명은 고용을 창출하는 혁명이었다면, 3차, 4차 산업 혁명은 그 반대로 고용을 잠식하는 방향으로 나가게 될 것이 예측되면서 그 대안을 모색할 필요성이 제기되었다. 또한 이러한 양상은 오히려 경쟁적으로 기술 발전을 촉진하여 모순을 극대화시킬 수도 있다는 것이 관심사가 되었다. 또한 우리나라의 정부는 4차 산업 혁명의 핵심 기술들을 미래의 성장 동력으로 제시하면서 미래 시대에 대한 대안과 전망에 대한 관심을 극대화시켰다.

1차 산업 혁명은 증기 기관의 발명으로 시작되었고, 2차 산업 혁명은 전기 사용의 발전으로 인한 고용의 혁신적인 창출과 능률에 대한 극대화에 있었다고 볼 수 있다.

1차 산업 혁명은 18세기 후반 일련의 기계들의 발명과 응용에 의해 촉발되었다. 증기 동력의 방직 기계들이 목화씨를 빼고, 실을 만들어 직조하면서 생산성은 50배 이상 증가되었다. 더 나아가 증기 기관차와 증기 자동차는 물자의 수송과 더불어 먼 거리까지의 여행을 가능하게 하면서, 폭발적인 변화를 추진하였다.

2차 산업 혁명 때에는 석유와 전기가 새로운 에너지로 등장하였고 더욱더 체계적인 과학 기술이 적용되면서 생산성과 유용성이 크게 확대되었다. 2차 산업 혁명에 불을 붙이는 주목할 만한 사건은 1913년에 완성된 헨리포드의 컨베이어벨트식 대량 생산 기술이다. 표준화와 더불어 분업화를 통한 컨베이어식 공장은 생산 대수를 약 50배 이상 증가시켰던 것이다.

3차 산업 혁명은 컴퓨터와 인터넷 기술의 융합을 통한 혁신적인 산업 혁명의 시대를 일컫는다.

3차 산업 혁명이 회자된 지 5년 만에 다보스포럼에서 4차 산업 혁명에 대한 개념이 제시되기에 이른다. 이와 같이 4차 산업 혁명은 미래의 일이 아니라, 이미 진행되고 있는 일이다. 융합은 이미 가속화되고 있으며, 일자리는 줄어들고 있는 상황이다.

우리의 삶 속에 부쩍 가깝게 다가온 스마트폰으로 말미암아 우리의 문화 속으로 4차 산업 혁명은 이미 시작된 것이다. 우리나라에서는 이미 최초의 인터넷 은행인 K뱅크가 오픈되었고, 오프라인의 산업들이 인터넷과 사이버 가상 공간을 통한 온라인 산업들로 대체되기 시작하였다.

여기서 주목할 것은 이미 가까워져 버린 4차 산업 혁명의 시대는 이미 현재가 되어버린 미래이며, 예측 불가능한 변화들이 지금 일어나고 있다는 것이다.

3) 4차 산업 혁명에 대한 조망

우리나라 19대 대통령 선거에 있어서 대선 유력 주자들의 공약 중의 하나로 4차 산업 혁명에 대한 대응책이 고려되고 있다는 점을 주목된다. 이것은 4차 산업 혁명에 대한 조망과 대안의 문제가 미래에 대한 중요한 이슈와 관심사가 되었다는 것을 시사하고 있다.

특히 4차 산업 혁명은 종전의 변화와는 근본적으로 다른 문제라는 사실을 직시해야 한다. 그동안 인류가 경험해 왔던 산업 혁명이 인간의 노동을 대신하는 기술로 생산성의 혁신을 가져왔다면, 4차 산업 혁명은 인간의 노동과 육체적인 부분을 대신하는 것이 문제가 아니라, 인간의 지능을 대신하는 것이라는 점에서 차원을 달리한다.

그동안 인간이 가지고 있었던 지능은 자연을 정복하여 인간의 능력을 극대화하는 산업 혁명을 이루었다. 이제 그 지능조차 보조하고 대체하기까지 하는 신기술은 상상조차도 할 수 없는 가공할 힘을 행사하여 예측할 수 없는 결과를 초래할 수 있다. 이러한 우려를 무시해서는 안된다.

과거 산업 혁명의 혁신적인 능률로 인하여 대량 실직이 초래되던 상황에서 기계들을 파괴했던 러다이트 운동(Luddite Movement)있었지만, 4차 산업 혁명의 시대에 대한 우려는 그때보다 더 크다. 한때 폭발적인 인기를 끌었던 영화인 '터미네이터' 시리즈는 인간의 지능을 대체한 인공 지능의 시대에 대한 우려를 현실감 있게 표현했다. 이제 우리는 4차 산업 혁명의 시대를 조망하며, 대비해야 할 분야에 대해 심도 있게 연구해야 한다.

4) 4차 산업 혁명의 시대를 맞이하는 신학적 자세

앞서 밝힌 바와 같이 4차 산업 혁명의 시대는 '미래'라기보다는 이미 도래하고 있으며, 근거리에 와 있는 가까운 미래라는 점을 기억해야 한다. 왜냐하면 현대 산업의 상당한 부분이 이미 지식 산업을 의지하고 있기 때문이다. 우리나라 역시 3차 산업 시대에서 4차 산업 시대로 진입하고 있는 상황이다.

3차 산업의 기반을 상업으로 본다면, 4차 산업은 정보, 의료, 교육, 서비스 등의 모든 부분이 지식 집약적으로 융합된 산업이라고 할 수 있다. 4차 산업의 실제를 파악해 본다면, 스마트 팩토리, 로봇과의 관계 형성, 무인 이송 장치, 빅데이터 등을 활용한 분석을 통한 예지적 분석, 시뮬레

이션의 일상화, 3D 프린트의 대중화, 사람에 대한 교육의 변화 등이다.

또한 첨단화되는 산업 시대는 더욱더 인간의 편리와 욕구를 만족시키고자 할 것이다. 인간의 편리와 욕구에 첨단 기술을 접목하는 것은 인간성의 상실과 기계화의 삭막함을 통해 하나님의 창조 목적과 멀어지는 인간관을 형성할 수도 있다는 점을 경계해야 할 것이다. 인격과 품성이 상실된 무감각한 기계 문명으로 대치된 인류의 삶은 더욱더 편리를 추구할 것이고, 개성이 상실되고 창조 원리를 역행하는 윤리성이 가져다주는 문제는 심각한 신학적 문제를 야기할 수 있으리라 본다.

심지어 '사랑'과 '욕구'조차도 인공 지능 로봇, 즉 사이보그에 의해서 대치되고, 사이보그와의 성적 교감 등으로 인한 윤리성의 상실이 문제가 될 수도 있을 것이다.

갈수록 인간의 따뜻하고 온화한 품성이 사라지고 있는 이 시대에 기독교계도 4차 산업 시대를 대비하는 신학적, 신앙적 대비가 필요하다. 분명한 것은 첨단화를 달리는 미래 산업 시대는 오히려 인공적인 것으로 결코 대체할 수 없는, 가장 인간적인 것이 가장 강력한 가치를 갖게 되는 시대이기도 할 것이라는 점이다. 가장 기계화된 시대에, 기계로 대체할 수 없는 인성, 품성, 인간 가치가 빛을 발하는 시대가 올 것이며, 인간만이 가지고 있는 영혼의 독특성과 종교는 오히려 최고의 가치로 부각될 것이라 믿는다.

교회가 미래 산업 시대에 대한 막연히 두려워하지 말고 미래 사회에 대한 확고한 신학적 조망과 종교적 대비를 하여서, 하나님의 창조 신비에 대한 가치는 결코 인공으로 대체 할 수 없다는 확고한 믿음을 확립하고 미래 사회에 대한 복음화 사명을 감당 할 수 있기를 바란다.

5) 4차 산업 혁명의 시대와 선교적 사명

이미 도래하고 있는 4차 산업 혁명의 시대의 특징 중에 주목해야 할 만한 특징 중의 하나는, '소통의 장벽'이 낮아졌다는 점이다. 종전까지 기독교의 선교역사는 소수의 헌신되고 소명을 가진 사람들이 선교사역에 참여하는 시대였지만, 미래 산업 혁명 시대의 놀라운 특징은 누구든지 선교에 동참하기로 마음만 먹으면 선교적 사명을 감당할 수 있다. 이처럼 소통의 장벽이 낮아졌다는 점이 매우 중요한 특징이다.

종전까지는 선교사명을 가진 선교사가 미전도 종족에게 복음을 전하기 위해서는, 자신의 직장과 삶을 모두 정리하고, 현지 언어와 문화에 대한 교육을 포함한 선교 훈련을 모두 이수하여 파송되는 과정을 거치게 되었다.

그러나 4차 산업 혁명의 시대는 전 세계가 글로벌화 되어, 지구촌이라는 말이 익숙해지게 되었다. 통신망은 더욱 빨라지고 폭이 넓어져서, 지구상 어디에서든지 인터넷에 항상 연결되어 있는 시대가 오고 있다. 휴대하고 있는 스마트폰은 더욱 첨단화되어 소통의 문턱을 더욱 낮아지게 되고, 전 세계의 언어가 스마트폰을 통해서 실시간 동시통역이 이루어지는 시대가 열려지고 있다.

현재 구글의 브라우저를 이용하면, 외국어로 된 글들이 원하는 언어로 번역되어 제공된다. 이제는 소통의 장벽이 낮아지면서 복음전파와 선교에 대한 비전을 가지고 있기만 하다면, 기초적인 선교 교육과 더불어, 현지로 파송되지 않고도 SNS를 통하여 전 세계인들과 쉽게 소통하고 복음을 제시할 수 있다.

글로벌 시대와 4차 산업 혁명의 시대에 있어서 더 충실해야 할 부분은 방법론이 아닌 복음의 본질이다. 복음의 본질에 대한 가치와 더 깊은 영성을 통한 그리스도와의 진정한 교제가 최고의 내용이 되어야 한다.

6) 4차 산업 혁명과 교육

종래의 교육에 있어서는 기초라는 개념이 매우 중요했다. 응용과 혁신보다도 더 중요한 것이 기초라는 개념이었다. 예전의 교육에 있어서 가장 기초가 되는 것은 읽기, 쓰기, 셈하기였다. 그러나 4차 산업 혁명 시대에 있어서는 종래의 읽기, 쓰기, 셈하기보다 더 중요한 것은 이것들에 대한 역량이다.

쉽게 말하자면, 과거의 학습은 공식을 통해서 아날로그 방식으로 문제를 해결하는 기술을 습득하는 것이 기초였다면, 향후의 교육은 디지털을 활용할 수 있는 능력이 기초가 될 것이다. 읽기, 쓰기, 셈하기는 컴퓨터에게 시키고, 컴퓨터를 활용하는 능력이 기초가 되는 시대로 전환하고 있다는 것이다. 그래서 미래 교육의 기초는 컴퓨터 과학이라고도 볼 수 있다. 지식의 습득과 활용이 인간의 능력을 뛰어넘게 되었으니, 디지털 시스템을 활용하는 능력이 교육의 기초가 되는 시대가 되는 것이다.

이제는 교육의 방식에 있어서도 새로운 시대의 모든 영역에서의 패러다임 변화를 맞이하여, 적합한 교육시스템과 학습 방법과 학습 도구가 필요할 것이다. 한국교회도 인공 지능, 빅데이터 등으로 표현되는 4차 산업 혁명의 시대를 기독교 교육의 활성화의 기회로 삼아야 한다. 이제 교회는 신기술의 발달과 영향에 대하여 예측하고, 미래 산업 혁명의 시대를 제2의 교회학교 운동을 일으킬 수 있는 계기로 삼아야 한다.

디지털시대의 적절한 활용을 통해 학생들에게 적합한 커리큘럼을 구성하고 제시하는 교육의 응용이 이루어져야 한다. 향후 미래 사회에는 모든 연령의 삶을 포함하는 게임 문화가 보편화되며, 증강현실을 통한 교회 교육의 학습 환경도 설계되어 도입되어야 한다. 또한 SNS를 통해 사람들이 정보와 의견을 공유하면서 인간관계를 넓혀 나가는 소셜미디어(social media)가 교회 교육의 중요한 통로로 활용되어야 한다.

미래 산업 혁명의 시대에 대한 기독교 교육의 적절한 활용과 연구는 다음과 같은 것이다. 즉 인공 지능이라는 프로그램이 인간에게 위협이 되는 것이 아니라, 반대로 하나님 나라의 확장을 위해 사용된다면, 기독교 교육의 유용한 도구가 될 수 있으리라 생각한다.

4. 웨슬리 교육 사상의 적용

지금까지 살펴보았던 웨슬리의 교육 사상으로부터, 현대를 살아가며 미래를 준비해야 하는 급변하는 교육 현장을 위한 몇 가지 중요한 적용점을 찾을 수 있다.

1) 사람은 누구나 교육받을 권리가 있고, 교육 기회가 제공되어야 한다

웨슬리가 살던 당시는 지배 계층과 피지배 계층의 차이로 인한 교육 불평등이 심각한 상황에 놓여있었고, 교육 불평등에 대해서 문제점이나 의식조차도 존재하지 않았으며, 단지 숙명으로 주어진 운명에 순응하며 살아가던 대중들이 존재했었다.

웨슬리는 대중에게 누구나 교육받을 권리가 있다고 주장하며, 원하면 얼마든지 교육받을 수 있는 기회를 제공했다는 점에서 교육개혁가로 높이 평가된다. 더욱 놀라운 것은 웨슬리의 교육 개혁이 평생 교육이라는 개념을 실행했다는 점이다. 웨슬리는 교육의 기회를 잃어버려 이미 성인이 된 이들에게 교육의 기회를 제공했다.

웨슬리는 아이들에 대한 아동 교육만이 아니라, 공장의 노동자들을 포함하여 누구든지 배우기를 열망하는 성인들을 대상으로 학급을 운영하여, 야학이나 시간외 학급 등의 방법을 통하여 평생 교육을 실천하였다. 이는 누구나 교육받을 권리가 있고, 교육받을 기회가 제공되어야 한다는 점을 실천한 것이라 할 수 있다.

현대 한국 사회에는 의무 교육이라는 제도가 있어서, 대한민국의 국민은 그 누구라도 의무적으로 초등학교부터 중학교까지 교육을 받아야 한다. 더 나아가, 오늘날엔 평생 교육이라는 교육 개념이 도입되고 있다. 즉 성인이 되었거나 노년이 되어서도, 배우기를 원하는 분야를 학습할 수 있는 기회가 제공되고 있다.

그럼에도 불구하고 교육 소외 계층이 존재한다. 필자가 알고 있는 사회 초년생 P 군은 교육의 기회를 스스로 상실하고 말았다. 가정 형편으로 인해 고교 1년을 중퇴하였고, 가정의 부양을 위해 치킨 배달 업체에 취업하였다. 또래의 아이들이 학교에서 고교 시절을 보내는 동안 오토바이로 치킨 배달을 하며 취업 전선에 뛰어든 것이다. 그는 그 후 가정을 이루게 되었고, 자녀가 태어나면서 택배 일을 하게 되어 또다시 취업 전선에서 생계의 문제를 위해 헌신했다.

지금은 중졸이라는 학력에 대해서 아쉬움을 느끼며, 고교 검정고시를 준비하고 있지만, 가정의 생계유지를 위해서 따로 공부할 수가 없는 안타까운 상황에 처해 있다. 이처럼 가정 형편이나 특별한 사정으로 인해서 교육 소외를 경험하고 있는 이들이 오늘날에도 분명히 존재한다. 이들에게도 교육의 기회는 제공되어야 한다.

필자는 요즘 집 근처에서 바리스타 과정을 수강하고 있다. 그 이유는 필자가 커피를 좋아하는데, 어깨너머로 배운 핸드드립 솜씨가 부끄러웠고, 좀 더 전문적으로 커피를 공부하고 싶었기 때문이다. 얼마든지 배우고자 하면 자격증 반을 수강하여 전문성 있는 평생 교육을 제공받을 수 있다는 것은 새로운 교육의 묘미이다.

한편으로 욕심을 내보고 싶은 부분은 교회가 평생 교육을 필요로 하는 주변의 사람들에게 교육 교실들을 제공하여 복음전도와 더불어 지역 사회에 대한 아름다운 기여를 해보는 것이다.

2) 최선의 교육 방법론을 통한 효율적 교육이 시행되어야 한다

웨슬리는 효과적인 학습을 위한 교수법 개발에 최선의 노력을 아끼지 않았다. 앞서 살펴본 바와 같이 우리는 4차 산업 혁명 시대라는 새로운 세상을 접하고 있다. 미래는 접어두고 급변하며 진화하는 현재의 모습만 보아도 스마트기기가 삶 속에 가까이 다가와 있고, 전 국민이 스마트폰을 통해 항상 인터넷과 SNS에 연결되어 거리와 공간의 벽을 초월하는 시대에 직면해 있다. 정보의 홍수와 수없이 많은 지식 기반의 정보들이 빅데이터를 통해 연결되어 있어서 언제든지 이것들을 습득하고, 활용할 수 있다.

인공 지능을 통한 정보의 융합과 정보 검색이 편리하게 이루어지는 시대와 웨슬리 시대의 교육 방법 간에는 상상하기도 어려울 만큼의 간격이 있다. 그러나 교육의 열정이라는 근본적인 사상과 원리에 있어서, 또한 최선의 교육 효과를 추구한다는 면에서는 맥락을 같이 한다고 본다. 이제 미래와 근접한 혁신적 현대 교육의 여건은 보다 더 진보되고 있지만, 교육의 근본이 될 수 있는 사상적 원리를 결코 변할 수 없는 핵심 가치로 삼아 인류를 위한 교육 효율성의 극대화를 이루어야 한다고 생각한다.

3) 기독교 미래 교육의 근본적 목적은 스킬의 습득이 아니라, 더 근본적인 것이어야 한다

웨슬리는 교육 혁신에 있어서, 기술 습득이나 정보 전달을 통한 삶의 문제 해결을 목표로 하지 않았다. 그의 교육 개혁의 근본적인 목표는 바로 신앙 교육이었고, 광범위한 학습의 내용은 수단이었다. 인간에게 있어서 가장 중요한 것이 하나님에 대한 신앙과 성경의 가르침과 사상을 삶 속에 실천함으로써, 진정한 기쁨과 평화를 이루는 것이다. 그러므로 그의 교육 목표는 보다 더 근본적이고 성숙한 인간관에 있었다고 여겨진다.

앞서 언급한 바와 같이 우리의 미래 사회는 점점 더 발달된 문화와 과학 기술이 최첨단으로 융합되어, 모든 분야에서 최상의 편리를 추구하게 될 것이다. 인간이 하는 대부분의 일들을 인공 지능 로봇이 대체하는 시대에 있어서, 최첨단의 과학 문명은 더 이상 새롭고 신기한 것이 될 수 없다. 미래의 삶 속에서 가장 가치 있는 것은 바로 가장 인간적인 것, 기계로 대체할 수 없는 인간만의 것들이다. 인간의 모든 부분을 흉내내고 대체할 수 있는 시대에 최고의 가치는 바로 인간 자체이며, 하나님의 피조물로서의 가치는 인간의 피조물인 인공과 비교가 불가한 것이다. 그러므로 기독교 미래 교육은 기술이 아니라, 보다 인간에게 본질적인 것이 핵심 내용이어야 한다.

4) 기독교 미래 교육은 영성적 인간으로의 가치관을 확립시켜 창조 목적에 부합한 아름다운 삶을 누리게 하는 것이어야 해야 한다

웨슬리가 역점을 두었던 교육의 핵심이 신앙 교육이었다는 점에 대해서는 그가 설립했던 킹스우드학교의 커리큘럼 및 생활 지침 전반을 통해 살펴보았다. 웨슬리의 교육 목표는 바로 영성적 피조물인 인간이 하나님을 기쁘게 하는 삶에 최고의 가치를 두게 하는 것이었다. 이것은 바로 영성적 인간관에 교육의 가치를 두었다는 것이다. 마찬가지로 기독교 미래 교육에 있어서, 교육의 최상의 가치는 인성 교육과 휴머니즘을 뛰어넘는 영성적 인간관이 되어야 한다고 본다.

전자 인간인 사이보그와 함께 살아가는 시대, 어쩌면 인간의 지능을 뛰어넘는 인공 지능이 인간보다 더 탁월한 신인류에 대한 계획을 수립하며, 인간을 위협할 수도 있는 시대가 도래 할 수도 있다. 그러나 인공적인 것이 결코 뛰어넘거나 모방할 수도 없는 최대의 경쟁력은 바로 영

성적 인간이다. 영적인 것과 신성으로부터 비롯되는 신비는 모방될 수 없으며, 도전될 수 없다는 것이 분명하다.

　인간이나 인공적인 것은 결코 신에 도달하거나 신성을 뛰어넘을 수 없다는 것이 불변의 진리라고 확신한다. 그러므로 기독교 미래 교육의 핵심은 영성적 인간이 하나님에 대한 경외와 신뢰를 통해 세상을 이긴다는 무형의 영적 가치를 이상으로 삼아야 한다고 생각한다.

> 제8장
> 나오면서

1. 요약과 정리

　본 연구는 감리교 창시자인 존 웨슬리를 교육학적 관점에서 고찰하여 그를 교육개혁가로서 재조명하고 현대 교회 교육의 문제점을 해결하기 위한 방향과 대안을 찾고자 하는 목적에서 시작되었다. 이것을 위해 웨슬리가 살았던 18세기 영국의 산업 혁명과 교육 철학의 영향, 그리고 킹스우드학교에서의 교육 개혁을 통해 나타난 그의 교육 사상을 탐구하였다.

　본 연구의 기본 전제는 웨슬리를 감리교회 창시자요 위대한 설교자로 이해하는 것뿐만 아니라 그를 18세기 영국과 유럽의 학교 교육을 이성 중심, 귀족 중심의 교육 제도에서 경험 중심, 서민 중심의 학교 교육으로 변혁하였던 교육개혁가로서 조명하는 것이었다. 이를 위해 먼저 웨슬리를 교육자로서 이해하려는 3가지 문헌에 대한 연구를 수행하였다.

　첫째, 웨슬리의 성장 배경에 대한 역사적 문헌들의 조사하였다.

　둘째, 웨슬리의 교육관 형성에 영향을 주었다고 보는 17~18세기의 교육 철학가들인 코메니우스, 루소, 로크의 사상을 집중적으로 탐구하였다.

셋째, 교육개혁가로서의 웨슬리의 사상을 잘 드러낼 수 있는 근거로서, 킹스우드학교 설립과 운영 과정에서 보여주었던 그의 교육 실천 방법을 연구하였다.

위의 세 분야에서의 문헌 연구를 통해 발견한 주요 사실들을 요약하면 다음과 같다.

1) 웨슬리가 교육에 지대한 관심을 두게 된 데에는 무엇보다도 어머니 수산나의 가정 교육과 영성 생활 교육이 있었다

어린 시절 어머니 수산나의 엄격한 교육과 규칙들을 통해 유년 시절부터 체득된 감리교도로서의 교육관이 웨슬리의 삶을 서서히 교육자로 성장시켰다.

2) 웨슬리의 교육 사상에 영향을 주었던 3인의 사상가들을 분석하면, 그가 경험철학자 로크의 엄격한 규율 교육과 코메니우스의 경험 교육을 수용한 것을 볼 수 있다

로크에 의해 직접적인 영향을 받은 사람은 사실상 웨슬리의 어머니 수산나라고 평가된다. 웨슬리가 로크로부터 받은 또 다른 영향은 로크가 철저한 크리스천 철학자이며 기독교적 가치관과 교육 철학으로 도덕 교육을 강조했다는 점이다. 웨슬리가 로크와 다른 점은 무엇보다도 교

육에서 하나님의 권위를 인정하고 부모의 권위도 하나님께로부터 나온 권위로 인정하였다는 것이다.

다음으로 코메니우스의 『범교육학』이나 『대교수학』, 『범지학』 등이 웨슬리에게 큰 영향을 준 교육 사상이다. 인생을 학교로 비유한 코메니우스는 전 생애에 걸쳐 학교라는 과정을 통해 다양한 지식을 배워야 하는 것과 경건주의 교육을 강조하였다. 코메니우스의 교육 사상을 본받은 모라비안 교도들을 만남으로써 웨슬리도 코메니우스의 교육 원리를 자신의 킹스우드학교에 그대로 반영하였다.

웨슬리는 루소의 교육 소설 『에밀』을 읽고 루소의 자연주의 교육 사상에 매료되기도 했지만, 종교적인 것을 약화한다는 이유로 직접 그의 교육 사상을 수용하지는 않았다.

3) 킹스우드학교는 영국의 귀족 교육으로 인해 교육의 불평등이 심화되던 시기에 세워졌다

킹스우드 빈민가에 광부의 자녀들을 중심으로 교육의 대중화를 실행하였던 웨슬리는 가히 혁명적이었다고 평가된다. 웨슬리는 18세기 영국의 귀족 중심, 이성 중심, 주지주의 교육 철학의 기치 아래 지식 전달을 목적으로 하는 학교 교육을 과감히 개혁하고, 서민에게도 균등한 교육 기회를 제공했다. 웨슬리의 새로운 도전이 영국 공립 학교 교육 개혁의 신호탄이었음은 의심의 여지가 없다.

그뿐만 아니라, 이 학교는 지식만이 아닌 하나님의 사랑을 실천하고 가난한 어린아이들의 영혼을 치유하려고 했다는 측면에서 사회적 약자를 위한 교육과 복지가 최초로 융합된 신개념의 학교였다. 본 연구가 수행한 세 분야에서의 문헌 연구들을 종합하여 볼 때, 존 웨슬리는 "세계는 나의 교구다"라고 외치며, 선교의 열정을 불태우던 전도자로만 평가되기에는 그의 킹스우드에서의 교육 개혁이 너무나 큰 역사적 사건이었다.

웨슬리의 교육 개혁이 지녔던 종교 교육, 청교도 정신, 경건, 도덕성 회복이 오늘날 학교 교육에서 실종된 인성 교육을 회복시킬 수 있다는 믿음과 희망을 품게 한다. "성결이 행복이다"라고 외쳤던 경건 중심의 도덕적 교훈은 현재 한국 공교육에 주는 웨슬리의 메시지인 것이다.

웨슬리가 처음부터 어떤 교육 사상을 만들려고 의도하지는 않았지만, 킹스우드학교 설립과 그의 삶 전체를 조명해 볼 때, 그는 가난한 자나 부유한 자 모두가 신앙으로 하나 되는 하나님의 교육 나라를 실현하기 위해 헌신했던 위대한 교육자요 개혁자였다고 평가될 수 있다.

21세기를 사는 필자가 웨슬리를 교육개혁가로 정의한 것은 그가 과거 종교개혁가들과는 달리 교육적 관심을 가지고 세계를 보았기 때문이다. 오늘날 한국 사회는 심각한 위기를 맞고 있다. 차별금지법 논란과 더불어 퀴어축제 등의 문화들이 인권이라는 이름으로 타락의 길을 부추기고 있다. 인터넷과 SNS의 여론은 교회를 고리타분한 것으로 치부하며, 복음을 식상해하고 있다. 사회를 위한 구원의 소리는 전혀 관심을 받지 못하고 있다. 자연스럽게 한국교회는 위기를 맞고 있고, 교인 수는 급감하며, 건축한 교회들이 무리한 확장으로 부도를 맞고, 건물이 신흥사이비 단체 등으로 넘어가기도 하는 실정이다.

한국교회의 진정한 미래는 어디에 있는가?

줄어들고 있는 장년 교인 수에 주눅 들고 발을 동동 굴러서는 답이 없다. 희망을 다음 세대인 교회학교와 아이들에게 두어야 한다. 아이들이 희망이고, 이들을 올바로 교육하여 미래를 준비하는 것이 정답이다.

이러한 점에서 웨슬리의 교육 개혁과 그의 교육 사상은 우리에게 길을 제시한다. 루소의 자연주의 사상에서 기인한 학습자에 대한 사랑과 이해, 로크의 깐깐한 교육 방법론, 그리고 코메니우스의 실물 교육을 융합하여 탁월하고 성공적인 교육으로 승화했던 웨슬리의 교육 사상은 현대 교회 교육이 봉착하고 있는 위기에 대안을 줄 수 있다고 평가한다.

2. 교회 교육을 위한 제언

지금까지 고찰해 온 사실을 토대로 몇 가지 제언을 하면 다음과 같다.

1) 철저한 규율, 원칙 준수, 그리고 영성 생활을 중심으로 한 교육의 원칙이 현장에 세워져야 한다

웨슬리는 어린 시절부터 로크의 경험 교육의 영향을 받은 어머니 수산나로부터 철저한 규칙에 입각한 영성 생활을 훈련받으며 자라왔다. 이것이 웨슬리의 교육 사상에 영향을 미쳤을 뿐만 아니라, 웨슬리를 반듯한 전인적 그리스도인으로 성장시켰다는 것을 알 수 있다. 철저한 원칙과 규율, 그리고 신앙 교육은 그리스도인의 전인적 성장의 중요한 열쇠임을 알 수 있다. 이와 같이 학교, 교회, 가정에서의 교육은 지식 전달이 아니라 전인적 성장을 목표로 해야 한다.

2) 교육의 성과를 위해서는 끊임없는 연구과 열정이 필요하다

웨슬리는 코메니우스의 교육 방법에서 킹스우드학교에서 교육적 성과들을 얻었다. 웨슬리는 교육 방법을 배우기 위해서 모라비안의 여러 학교들을 방문하고 여행하였는데, 이 수고와 노력을 통해서 교육 방법론의 큰 수확을 얻었다고 볼 수 있다. 보다 나은 교육을 위하여 웨슬리는 천리길도 마다하지 않는 연구의 열정을 가지고 있었다. 현재 한국 사회에 나타나고 있는 공교육의 문제점을 해소하고 문제를 극복하기 위해서는 문제의식만이 아니라, 끊임없는 연구와 열정을 통해서 방법을 모색해야 할 것이다.

3) 기독교 교육은 교회 안에만 머물러서는 안 된다

웨슬리는 킹스우드라는 광부들이 사는 곳에 영성의 기치를 들었다. 소외된 아이들에게 펜을 잡게 했고, 성경과 교육이라는 두 가지를 통해 그들의 필요를 충족시켰다. 예수천당, 불신지옥만 외칠 것이 아니라, 세상의 현장 속에 그리스도의 사랑과 복음, 그리고 사회의 요구를 제공하는 변화가 일어나야 할 것이다.

웨슬리는 하나님이 그에게 주신 선교적 사명을 가지고 거의 하루도 빠지지 않고 말씀을 전하기 위해 말을 타고 달렸다. 웨슬리는 "세계는 나의 교구다"라고 외치며 세계선교에 대한 열정을 불태웠다. 그러던 그가 갑자기 영국 학교 교육의 불평등에 대해 적극적으로 나서게 된 것이다. 그 이유는 다음과 같다.

첫째, 어린아이의 영혼 구원을 위함이었다.

둘째, 학교 교육은 빈부의 차이와 무관하게 모든 이에게 필수적으로 제공되어야 한다는 그의 신념이었다.

킹스우드학교의 설립은 그의 신앙적 사명이었다고 웨슬리는 회고하였다. 웨슬리의 킹스우드학교를 통한 교육 개혁은 공교육과 사교육을 포함한 교회 교육의 모든 분야들이 난항을 겪고 있는 오늘날, 진정한 교육의 도달점이 어디인가에 대한 방향성을 제시하고 있다.

전인적인 인간성 회복 및 하나님의 형상의 회복이라는 목표를 잃어버리고, 성공주의를 지향하는 기능적 목표만을 가진 현대 사회의 교육 현장 속에서 교육의 진정한 기능이 회복되는 것만이 다가올 미래 사회를 온전케 하는 길임을 깨닫게 된다.

우리가 추구해야 할 교육의 목표는 하나님의 지음 받은 자녀로서, 진정한 예수 그리스도의 참 제자들을 길러내는 것이라고 선포하는 교육 현장의 개혁이 일어나길 바랄 뿐이다.

미주

1장
지금이 뭐가 어때서?

1 박봉수, "다음 세대와 교회성장," http://www.christiandaily.co.kr/news.
2 한미라, 『개신교 교회교육』(서울: 대한기독교서회, 2005), 17.
3 Alvin Toffler, 『제3의 물결』(*The Third Wave*), 원창엽 역 (서울: 홍신문화사, 2006) 참조.
4 러다이트운동(Luddism)은 산업 혁명등의 영향으로 실업의 피해를 보았던 노동자들이 실업과 생활고의 원인을 기계의 탓으로 돌리고 기계를 파괴했던 운동을 말한다.
5 M. I. Thomis, *The Luddites, Machine-Breaking in Regency England* (New About, 1970), 11.
6 Social Networking Service.
7 John H. Westerhoff III, 『기독교 신앙과 자녀교육』(*Bringing up Children in the Christian Faith*), 이숙종 역 (서울: 대한기독교서회, 1991), 23.

2장
웨슬리의 성장과 교육 사상

1. Basil Miller, 『요한 웨슬리의 생애』(*John Wesley*), 한영태 역 (서울: 생명의말씀사, 1991), 14.
2. Ibid., 14.
3. 김진두, 『웨슬리의 뿌리』(서울: 기독교대한 감리회교육국, 2006), 106.
4. Ibid., 109.
5. John A. Newton, *Susanna Wesley and Puritan Tradition in Methodism* (1985), 112.
6. 장종철, 『기독교 교육역사』(서울: 감리교신학대학교출판부, 1993), 348.
7. 한국웨슬리신학회 편, 『웨슬리와 감리교신학』(서울: 감리교신학대학교 출판부, 1999), 406-407.
8. 김진두, 『웨슬리의 뿌리』(서울: 기독교대한감리회교육국, 2005), 116.
9. Henry D. Rack, 『존 웨슬리와 감리교의 부흥』(*Reasonable Enthusiast: John Wesley and the Rise of Methodism*), 김진두 역 (서울: 감리교신학대학교출판부, 2001), 43.
10. 노로요시오, 『존 웨슬리의 생애와 사상』, 김덕순 역 (서울: 기독교대한감리회교육국, 1993), 85.
11. 장종철, 『존 웨슬리의 교육 신학』(서울: 감리교신학대학출판부, 1991), 128.
12. Henry D. Rack, *Reasonable Enthusiast: John Wesley and the Rise of Methodism* (London: Epworth Press, 1989), 50.

13 Robert C. Monk, *John Wesley: His Puritan Heritage*, 22.
14 Basil Miller, 『요한 웨슬리의 생애』(*John Wesley*), 한영태 역 (서울: 생명의말씀사, 1991), 60.
15 Robert G. Tuttle 2세, 『존 웨슬리』(*John Wesley: His Life & Theology*), 김석천 역 (서울: 세복, 2001) 77.
16 Basil Miller, 『요한 웨슬리의 생애』(*John Wesley*), 한영태 역 (서울: 생명의말씀사, 1991), 27.
17 Ibid., 31.
18 노로요시오, 『존 웨슬리의 생애와 사상』, 김덕순 역 (서울: 기독교대한감리회교육국, 1993), 100.
19 Basil Miller, 『요한 웨슬리의 생애』(*John Wesley*), 한영태 역 (서울: 생명의말씀사, 1991), 38.
20 Ibid., 42.
21 Basil Miller, 『요한 웨슬리의 생애』(*John Wesley*), 한영태 역 (서울: 생명의말씀사, 1991), 48.
22 김효명, 『영국경험론』 (서울: 아카넷, 2001), 2-4.
23 만물생성의 근원력이 되는 자연.
24 개체화한 자연현상의 총체.
25 Ibid., 4-5.
26 이진경, 『철학과 굴뚝청소부』 (서울: 그린비, 2005), 109; 김효명, 『영국경험론』 (서울: 아카넷, 2001), 9-11.
27 이을호 편집, 임석진 감역, 『계몽주의 시대의 서양철학』 (서울: 중원문화, 2008), 145-153.
28 Jean Starobinski, 『장 자크 루소: 투명성과 장애물』(*Jean-Jacques Rousseau: La transparence et l'obstacle*), 이충훈 역 (서울: 아카넷, 2012), 44-45.

29 Ronald H. Stone, *John Wesley's Life & Ethics* (Nashville: Abingdon Press, 2001), 45, 169.
30 장종철, 『존 웨슬리의 교육 신학』 (서울: 감리교신학대학출판부, 1991), 246.
31 Ibid., 133.

3장

웨슬리에게 영향을 끼친 교육 사상

1 Ronald H. Stone, *John Wesley's Life & Ethics* (Nashville: Abingdon Press, 2001), 174, 190, 219.
2 한국철학사상연구회, 『다시 쓰는 서양 근대철학사』 (파주: 오월의 봄, 2012), 276-277.
3 김상섭, 『현대인의 교사 루소』 (서울: 학지사, 2009), 116-117.
4 임태평, 『루소와 칸트: 교육에 관하여』 (서울: 교육과학사, 2008), 35.
5 Jean-Jacques Rousseau, 『에밀』(*Emile*), 김중현 역 (파주: 한길사, 2003), 61.
6 김상섭, 『현대인의 교사 루소』 (서울: 학지사, 2009), 119; Anthony Kenny, 『근대철학』(*The Rise of Modern Philosophy*), 김성호 역 (서울: 서광사, 2014), 156.
7 Jean-Jacques Rousseau, 『에밀』(*Emile*), 김중현 역 (파주: 한길사, 2003), 382.
8 서양근대철학회 엮음, 『서양 근대철학』 (서울: 창작과비평사, 2001), 315.

9   Jean-Jacques Rousseau, 『에밀』(*Emile*), 김중현 역 (파주: 한길사, 2003), 64-66; 임태평, 『루소와 칸트: 교육에 관하여』 (서울: 교육과학사), 2008, 36.
10 임태평, 『루소와 칸트: 교육에 관하여』 (서울: 교육과학사, 2008), 38-39.
11 Jean-Jacques Rousseau, 『에밀』(*Emile*), 김중현 역 (파주: 한길사, 2003), 458.
12 Robert Wokler, 『루소』(*Rousseau*), 이종인 역 (서울: 시공사, 2001), 161-162.
13 서양 근대철학회 엮음, 『서양 근대철학』 (서울: 창작과비평사, 2001), 313.
14 Jean-Jacques Rousseau, 『에밀』(*Emile*), 김중현 역 (파주: 한길사, 2003), 502-503.
15 김상섭, 『현대인의 교사 루소』 (서울: 학지사, 2009), 140.
16 Ibid., 157-159.
17 Jean-Jacques Rousseau, 『에밀』(*Emile*), 김중현 역 (서울: 한길사, 2003), 518.
18 Ibid., 522.
19 서양근대철학회 엮음, 『서양근대철학』 (서울: 창작과비평사, 2001), 313.
20 Jean Starobinski, 『장 자크 루소: 투명성과 장애물』(*Jean-Jacques Rousseau: La transparence et l'obstacle*), 이충훈 역 (서울: 아카넷, 2012), 46-47.
21 Jean-Jacques Rousseau, 『에밀』(*Emile*), 김중현 역 (서울: 한길사, 2003), 555.
22 Jean Starobinski, 『장 자크 루소: 투명성과 장애물』(*Jean-Jacques Rousseau: La transparence et l'obstacle*), 이충훈 역 (서울: 아카넷, 2012), 139-141.
23 김상섭, 『현대인의 교사 루소』 (서울: 학지사, 2009), 136-138.

24 임태평, 『루소와 칸트: 교육에 관하여』 (서울: 교육과학사), 2008, 98-99.

25 서양근대철학회 엮음, 『서양근대철학』 (서울: 창작과비평사, 2001), 314.

26 Ibid., 317.

27 Jean Starobinski, 『장 자크 루소: 투명성과 장애물』(Jean-Jacques Rousseau: La transparence et l'obstacle), 이충훈 역 (서울: 아카넷, 2012), 51.

28 박호성 편역, 『루소 사상의 이해』 (서울: 인간사랑, 2009), 95-99.

29 한국웨슬리학회편, 『웨슬리설교전집5』, 334.

30 김효명, 『영국경험론』 (서울: 아카넷, 2001), 48-50.

31 M. R. Ayers, "The Foundations of Knowledge and the Logic of Substance: The Structure of Locke's General Philosophy", ed., G. A. J. Rogers, *Locke's Philosophy: content and context* (Oxford: Clarendon Press, 1994), 54-55.

32 김효명, 『영국경험론』 (서울: 아카넷, 2001), 122-125.

33 Ibid., 179-189.

34 김효명, 『영국경험론』 (서울: 아카넷, 2001), 286-288.

35 Ibid., 286-298.

36 Udo Thiel, 『로크』(Locke), 이남석 역, (서울: 한길사, 1998), 14; John Locke, *The Works of John Locke*, Vol. 7 (Darmstadt: Scientia Verlag Aalen, 1963), 229; 서양근대철학회 엮음, 『서양근대철학』 (서울: 창작과비평사, 2001), 224.

37 Udo Thiel, 『로크』(Locke), 이남석 역 (서울: 한길사, 1998), 97-99.

38 김성우, 『로크의 지성과 윤리』 (서울: 한국학술정보, 2006), 102-106.

39 Ibid., 107.

40 Ibid., 168-169.

41   Ronald H. Stone, *John Wesley's Life & Ethics* (Nashville: Abingdon Press, 2001), 98, 176.
42   김성우, 『로크의 지성과 윤리』 (파주: 한국학술정보, 2006), 174.
43   Ibid., 174-175.
44   Ibid., 176.
45   John Locke, 『인간지성론』(*An Essay Concerning Human Understanding*), 추영현 역 (서울: 동서문화사, 2011), 845.
46   Ibid., 847.
47   Udo Thiel, 『로크』(*Locke*), 이남석 역 (서울: 한길사, 1998), 170.
48   김성우, 『로크의 지성과 윤리』 (파주: 한국학술정보, 2006), 201-205.
49   John Locke, 『인간지성론』(*An Essay Concerning Human Understanding*), 추영현 역 (서울: 동서문화사, 2011), 884.
50   Ibid., 210-220.
51   강성률, 『서양철학사 산책』 (서울: 평단, 2009), 203.
52   John Locke, 『교육론: 귀한 자식 이렇게 가르쳐라』(*Some Thoughts Concerning Education*), 박혜원 역 (서울: 비봉출판사, 2011), 57.
53   김성우, 『로크의 지성과 윤리』 (파주: 한국학술정보, 2006), 234.
54   Udo Thiel, 『로크』(*Locke*), 이남석 역 (파주: 한길사, 1998), 135.
55   John Locke, 『교육론: 귀한 자식 이렇게 가르쳐라』(*Some Thoughts Concerning Education*), 박혜원 역 (서울: 비봉출판사, 2011), 224-225.
56   Udo Thiel, 『로크』(*Locke*), 이남석 역 (파주: 한길사, 1998), 137-138.
57   John Locke, 『교육론: 귀한 자식 이렇게 가르쳐라』(*Some Thoughts Concerning Education*), 박혜원 역 (서울: 비봉출판사, 2010), 258-259.
58   John W. Yolton, *Locke: An Introduction* (New York: Basil Blackwell, 1985), 35.

59　김성우, 『로크의 지성과 윤리』(파주: 한국학술정보, 2006), 229.
60　Udo Thiel, 『로크』(*Locke*), 이남석 역 (파주: 한길사, 1998), 165.
61　Alfred H. Body, 『존 웨슬리와 교육』(*John Wesley and Education*), 장종철·주신자 역 (서울: 기독교대한감리회교육국, 1995), 38-39.
62　오인탁, "J. A. Comenius의 범교육(Pampaedia) 이론," 『신학사상』 29 (1980, 여름), 319.
63　J. A. Comenius, 『범교육학』(*Pampaedia*), 정일웅 역 (서울: 여수룬, 1996), 41.
64　Ibid., 431.
65　J. A. Comenius, 『범교육학』(*Pampaedia*), 정일웅 역 (서울: 여수룬, 1996), 154-155.
66　Ibid., 156.
67　Ibid., 133.
68　장종철, 『존 웨슬리의 교육 신학』(서울: 감리교신학대학출판부, 1991), 143.

/

웨슬리의 킹스우드학교

1　Manfred Marquardt, 『존 웨슬리의 사회윤리』(*John Wesley's Social Ethics: Praxis and Principles*), 82.
2　Alfred H. Body, 『존 웨슬리와 교육』(*John Wesley and Education*), 장종철·주신자 역 (서울: 기독교대한감리회교육국, 1995), 69-73.

3   장종철,『존 웨슬리의 교육 신학』(서울: 감리교신학대학출판부, 1991), 171.
4   Alfred H. Body,『존 웨슬리와 교육』(John Wesley and Education), 장종철·주신자 역 (서울: 기독교대한감리회교육국, 1995), 39.
5   장종철,『존 웨슬리의 교육 신학』(서울: 감리교신학대학출판부, 1991), 64.
6   Ibid., 64.
7   Alfred H. Body,『존 웨슬리와 교육』(John Wesley and Education), 장종철·주신자 역 (서울: 기독교대한감리회교육국, 1995), 76-77..
8   Manfred Marquardt,『존 웨슬리의 사회윤리』(John Wesley's Social Ethics: Praxis and Principles), 102-03.
9   장종철,『존 웨슬리의 교육 신학』(서울: 감리교신학대학출판부, 1991), 167.
10 Ibid., 74.
11 김영규,『기독교교육학』(서울: 기독교문서선교회, 1996), 33.
12 장종철,『존 웨슬리의 교육 신학』(서울: 감리교신학대학출판부, 1991), 173.
13 Ibid., 187.
14 Ibid., 33.
15 Ibid., 185.
16 장종철,『존 웨슬리의 교육 신학』(서울: 감리교신학대학출판부, 1991), 186.
17 Ibid., 171.
18 Ibid., 88-89.
19 Ibid., 90.
20 Ibid., 91-94.
21 Ibid., 94-95.

6장
웨슬리의 교육 방법론

1 이장형, 『라인홀드 니버의 사회윤리구상과 인간이해』(서울: 선학사, 2002), 207.
2 김진두, 『웨슬리의 실천신학』(서울: 도서출판 kmc, 2004), 71.
3 장종철, 『존 웨슬리의 교육 신학』(서울: 감리교신학대학출판부, 1991), 132.
4 Albert C. Outler, *The Works of John Wesley* (Nashville: Abingdon Press, 1987), 192.
5 Ibid., 195.
6 Ibid., 196.
7 김진두, 『웨슬리의 실천신학』(서울: 도서출판 kmc, 2004), 280.
8 Alfred H. Body, 『존 웨슬리와 교육』(*John Wesley and Education*) 장종철 · 주신자 역 (서울: 기독교대한감리회 교육국, 1995), 67.
9 Ibid., 68.
10 Ibid., 68.
11 이숙종 외 14인, 『기독교교육개론』(서울: 대한기독교서회, 2006), 325.
12 임영택, 『당신의 지도력을 개발하라』 참조.
13 Alfred H. Body, 『존 웨슬리와 교육』(*John Wesley and Education*), 장종철 · 주신자 역 (서울: 기독교대한감리회교육국, 1995), 68.
14 이숙종 외 14인, 『기독교교육개론』, 327.
15 장종철, 『존 웨슬리의 교육 신학』(서울: 감리교신학대학출판부, 1991), 167.

16 장종철, 『존 웨슬리의 교육 신학』 (서울: 감리교신학대학출판부, 1991), 141-142.
17 김영규, 『기독교교육학』 (서울: 기독교문서선교회, 1984), 33.
18 이숙종, 『코메니우스의 교육 사상』, 219.
19 정웅섭, 『기독교교육 개설』 (서울: 대한기독교교육협회, 1993), 130.
20 이정근, 『기독교교육 원리』, 117.
21 George M., Schreyer, 『신학과 기독교교육』(Christian Education in Theological Focus), 채위 역 (서울: 대한기독교교육협회, 1970), 165.
22 장종철, 『존 웨슬리의 교육 신학』 (서울: 감리교신학대학출판부, 1991), 36.
23 Ibid., 154.
24 Alfred H. Body, 『존 웨슬리와 교육』(John Wesley and Education), 장종철·주신자 역 (서울: 기독교대한감리회교육국, 1995), 71.
25 이정근, 『기독교교육원리』 (서울: 서울신학대학, 1975), 113.
26 정정숙, 『기독교교육사』 (서울: 베다니출판사, 1999), 291.
27 Ibid., 288.
28 김영규, 『기독교교육학』 (서울: 기독교문서선교회, 1984), 34-35.
29 이숙종, 『코메니우스의 교육 사상』 (서울: 교육과학사, 1996), 297.
30 이정근, 『기독교교육원리』 (서울: 서울신학대학, 1975), 113.
31 수도여사대 교육 교재 편찬위원회 편, 『교육원리』 (서울: 수도여자사범대학출판부, 1978), 15.
32 손원영, "놀이신학과 주일교회학교," 「기독교교육정보」 35 (2012), 253.
33 김진두, 『웨슬리의 실천신학』 (서울: 도서출판 kmc, 2004), 177.
34 Ibid., 178.
35 Ibid., 183.

36   Ibid., 184.
37   두산백과사전, "대안학교."
38   http://terms.naver.com/entry.nhn?docId=1163781&cid=40942&categoryId=31723. (접속날짜: 2017.7.27.)
39   박종삼, 『고교평준화에 따른 미션 스쿨의 청소년 선교전략』 (총신대학교, 2012), 2.
40   최시몬, "미션 스쿨 신앙 교육대안 시급", 「기독신문」 2010.4.27.
41   강희천, 『다원주의 사회에서의 도덕 교육』, 故 강희천 교수 추모기념논문집 간행위원회 편, 『기독교교육의 앎과 삶』 (서울: 한들출판사, 2004), 54-55.
42   Ibid., 2004, 57.
43   이숙종, 『현대 사회와 기독교교육: 새 공동체를 지향하여』 (서울: 대한기독교서회, 2001), 230.
44   Ibid., 230-232.
45   임창복, 『기독교 영성교육의 방향』, 고용수 외 『포스트모던 시대의 기독교교육』 (장로회신학대학교 기독교교육연구원, 2006), 78.
46   이숙종, 『현대 사회와 기독교교육: 새 공동체를 지향하여』 (서울: 대한기독교서회, 2001), 239.
47   Ibid., 446-447.
48   은준관, 『교육 신학』 (서울: 대한기독교서회, 1988), 456
49   Ibid., 457.
50   박화경, 『생명과 삶을 살리는 기독교교육』, 고용수 외 『포스트모던 시대의 기독교교육』 (장로회신학대학교 기독교교육연구원, 2006), 341-342.
51   한미라, 『개신교 교회교육』 (서울 : 대한기독교서회, 2005), 325-369.
52   George Albert Coe, 『종교 교육사회론』, 김도일 역 (서울: 그루터기하우스, 2006), 317-319.

웨슬리의
교육이야기

웨슬리의 교육 이야기
The Story of Education from Wesley

2017년 8월 30일 초판 발행

지은이 | 박광수

편　　집 | 정희연, 정재원
디 자 인 | 신봉규, 이보람
펴 낸 곳 | 사)기독교문서선교회
등　　록 | 제16-25호(1980. 1. 18)
주　　소 | 서울시 서초구 방배로 68
전　　화 | 02) 586-8761-3(본사) 031) 942-8761(영업부)
팩　　스 | 02) 523-0131(본사) 031) 942-8763(영업부)
홈페이지 | www.clcbook.com
이 메 일 | clckor@gmail.com
온 라 인 | 기업은행 073-000308-04-020, 국민은행 043-01-0379-646
　　　　　　예금주: 사)기독교문서선교회

ISBN 978-89-341-1693-6 (93230)

* 낙장·파본은 교환해 드립니다.

이 도서의 국립중앙도서관 출판시 도서목록(CIP)은 서지정보유통지원시스템 홈페이지(http://seoji.nl.go.kr)와 국가자료공동목록시스템(http://www.nl.go.kr/kolisnet)에서 이용하실 수 있습니다.
(CIP제어번호: CIP2017017627)